As Teorias da Justiça e a Proteção dos Direitos Fundamentais

Organização

Samuel Meira Brasil Jr.

FHE Press

As Teorias da Justiça e a Proteção dos Direitos Fundamentais / organização Samuel Meira Brasil Jr. – Miami: FHE Press, 2019.

Inclui bibliografia
ISBN 978-1-7339642-5-8

1. Teorias da Justiça – Brasil. 2. Direitos Fundamentais – Brasil. 3. Processo Civil – Brasil. I. Brasil Jr., Samuel Meira.

LISTA DE AUTORES

Allan Dias Lacerda – Doutorando em Direitos e Garantias Fundamentais da Faculdade de Direito de Vitória (FDV), Mestre em Direito pela Universidade Federal do Espírito Santo (UFES), pesquisador do vixCIRCLE Center for Innovation, Research and Cooperative Legal Education, Auditor Fiscal do Estado do Espírito Santo.

Alessandra Soares Fernandes - Mestra em Direitos e Garantias Fundamentais pela Faculdade de Direito de Vitória (FDV); especialista em Direito Público, Direito Processual Civil, Direito de Família e Sucessões e Formação de Professores para o Magistério Superior Jurídico pela Universidade Anhanguera; membro do Grupo de Estudos, Pesquisa e Extensão em Políticas Públicas, Direito à Saúde e Bioética (Biogepe).

Aloyr Dias Lacerda – Promotor de Justiça no Estado do Espírito Santo. Mestre em Direito Processual pela Universidade Federal do Espírito Santo (UFES). Doutorando em Direitos e Garantias Fundamentais (FDV).

Bruno Gadelha Xavier - Doutor e Mestre em Direitos e Garantias Fundamentais pela Faculdade de Direito de Vitória (FDV). Doutorando em Filosofia pela Universidade Federal do Rio de Janeiro (UFRJ). Doutorando em Educação pela Universidade Federal do Espírito Santo (UFES). Mestre em Filosofia pela Universidade Federal do Espírito Santo (UFES). Professor Universitário.

Emanuel José Lopes Pepino – Doutorando em Direito pela Faculdade de Direito de Vitória (FDV), Mestre em Filosofia do Direito pela Faculdade de Direito da Universidade de Coimbra, pós-graduado em Direitos Humanos pela Universidade de Coimbra e em Hermenêutica Jurídica pela Universidade Federal do Espírito Santo (UFES), Professor universitário.

Laura Pimenta Krause Tose - Mestra em Direitos e Garantias Fundamentais pela Faculdade de Direito de Vitória – FDV; especialista em Direito do Trabalho e Direito Processual do Trabalho pela Faculdade de Direito de Vitória – FDV; membro do Grupo de Estudos, Pesquisa e Extensão em Políticas Públicas, Direito à Saúde e Bioética (Biogepe).

Maira Ramos Cerqueira – Doutoranda em Direitos e Garantias Fundamentais na Faculdade de Direito de Vitória (FDV), Mestre em Direito Processual pela Universidade Federal do Espírito Santo (UFES), pesquisadora do vixCIRCLE Center for Innovation, Research and Cooperative Legal Education, ex-bolsista da CAPES, Advogada.

Nately Giorizatto de Angelo - Mestranda do programa de Pós-Graduação *Stricto Sensu* em Direitos e Garantias Fundamentais pela Faculdade de Direito de Vitória (FDV). Especialista em Ciências Criminais pela Faculdade de Direito de Vitória (FDV). Assessora de Juiz no Tribunal de Justiça do Estado do Espírito Santo.

Vernon Araújo Corrêa Simões – Mestre em Direitos e Garantias Fundamentais pela Faculdade de Direito de Vitória (FDV), Advogado.

Samuel Meira Brasil Jr. – Doutor *honoris causa* pela Universidade de Vila Velha, Doutor e Mestre em Direito Processual Civil pela Faculdade de Direito da Universidade de São Paulo, Mestre em Ciência da Computação pela Universidade Federal do Espírito Santo. Professor Visitante da Goethe Universität Frankfurt am Main e da SIBE-Steinbeis Hochschule. Desembargador do Tribunal de Justiça do Estado do Espírito Santo.

CONTEÚDO

PREFÁCIO

Em uma das mais influentes obras sobre a Teoria da Justiça, John Rawls inicia com uma afirmação, no sentido de que "*a justiça é a primeira virtude das instituições sociais, como a verdade o é dos sistemas de pensamento*". Portanto, parece adequado começar por essa assertiva. Assim como as ciências naturais investigam a verdade, a ciência jurídica deve amparar sua pesquisa no estudo do objeto jurídico (conduta regulada pelo dever-ser), mas sem negligenciar um valor essencial das relações intersubjetivas: a justiça. As normas jurídicas, em um micro-cosmo normativo das condutas sociais, têm por escopo regular as relações sociais, para manter um equilíbrio proporcional das diversas forças sociais, estimulando as interações que produzam um sentimento de justiça e desestimulando as que irrompem em uma amarga sensação de injustiça. Mas, para entendermos bem como essas relações intersubjetivas ocorrem, é preciso compreender o que é, e como alcançar, a justiça.

Os trabalhos apresentados nesta obra são pesquisas realizadas por doutorandos em mestrandos na disciplina por mim ministrada, intitulada "As Teorias da Justiça e a Proteção dos Direitos Fundamentais", no programa de Doutorado em Direito. Nessa disciplina, são estudados inúmeros autores, das mais diversas e antagônicas teorias da justiça: John Rawls, Robert Nozick, Amartya Sen, John Roemer, Rainer Forst, Axel Honneth, Brenda Frasier, Ronald Dworkin, Michael Sandel, Michael Walzer, Robert Alexy, e muitos outros. Ficou claro que ainda falta uma descrição metodologicamente consistende e coerente da teoria geral da justiça, considerando os diversos princípios e valores, culturalmente diferentes e não raramente antagônicos. No curso, apresento um esboço da teoria da justiça por mim idealizada e que, em breve, será publicada.

Espero sinceramente que o leitor ache os textos no mínimo instigantes. Não se pretende encontrar uma única resposta correta para o problema da justiça, nem apresentar uma solução universal para casos com valores em colisão. Mas os estudos visam apenas a apresentar situações e controvérsias, seu respectivo tratamento pelos tribunais, e, acima de tudo, provocar sentimentos de justiça e indignação das injustiças encontradas.

Samuel M. Brasil Jr.

1

LIBERALISMO POLÍTICO: UM ESTUDO A PARTIR DO DEBATE ENTRE HABERMAS E RAWLS

Allan Dias Lacerda

RESUMO: O presente artigo busca investigar se as críticas produzidas por Habermas conseguiram abalar os fundamentos da teoria de John Rawls. Para isso, serão expostas algumas das ideias trazidas por Rawls no Liberalismo Político, as críticas que Habermas elaborou em relação a isso, especialmente no que diz respeito à posição original, ao consenso sobreposto e à primazia da liberdade dos modernos. Sobre cada uma das críticas há a resposta elaborada por Rawls a fim de justificar a sua teoria e esclarecer alguns pontos que não foram entendidos por Habermas. O estudo demonstrará que as críticas de Habermas tocaram em pontos frágeis e conseguiram abalar os fundamentos da teoria de John Rawls, que embora tenha tentado justificar os pontos questionados, adequando-os à sua teoria, não conseguiu resolver os problemas apontados. Isso, contudo, não diminui a importância de sua obra, que, sem dúvida alguma, apesar de não ser completa fornece subsídios importantes para o estudo da Teoria da Justiça.

1. INTRODUÇÃO

John Bordley Rawls nasceu em 21 de fevereiro, em Baltimore, e, sem dúvida alguma, é considerado um dos maiores pensadores do século XX, sendo a sua obra "Uma Teoria da Justiça" considerada uma das mais importantes da filosofia política[1], tendo sido publicada em mais de 25 países e suscitado milhares de artigos em todo o mundo e dando uma grande notoriedade ao autor.

Esse sucesso fez com que ele ganhasse diversos seguidores e também críticos que passaram a questionar algumas das bases que sustentavam a sua teoria. Um desses críticos é Jürgen Habermas, que produz um texto em que refuta algumas das conclusões de Rawls, que, sempre muito atento às críticas dirigidas ao seu trabalho, responde ao professor alemão, esclarecendo alguns pontos de sua teoria.

Nesse contexto, o presente artigo busca investigar o seguinte problema: as críticas produzidas por Habermas conseguiram abalar os fundamentos da teoria de John Rawls?

Para isso, serão expostas algumas das ideias trazidas por Rawls no Liberalismo Político, as críticas que Habermas elaborou em relação a isso,

---

[1] Frank Lovett destaca que embora o livro só tenha sido publicado em 1971, a base da sua teoria é da década de 1950, época em que as pessoas renovaram seu compromisso com a importância dos direitos dos indivíduos, algo fortalecido pelos movimentos civis nos Estados Unidos. Ao mesmo tempo, nesse período muitas instituições do Estado do Bem-Estar Social se consolidaram e foram amplamente aceitas como características da sociedade americana. Ninguém, até esse trabalho havia escrito um apanhado filosófico que unisse esses dois compromissos, o que faz tal obra tão inovadora, afinal, ambos compromissos eram frequentemente considerados como uma condição de tensão. Nesse sentido, o autor afirma: "Nesse contexto, é relevante o fato de que o grande livro de Rawls seja o responsável por suprir essa lacuna, isto é, que contenha tanto um forte compromisso com direitos individuais quanto um argumento robusto em favor da justiça socioeconômica a partir de uma só teoria filosófica coerente. Não é surpresa, assim, que a contribuição de Rawls tenha sido explicada desta forma: algo que supriu uma base filosófica para apoio do liberal moderno aos direitos do indivíduo e ao Estado do Bem-Estar Social". Apesar disso, o autor salienta que não houve um simples apoio ao *welfare state*, sendo tal teoria bem complexa, devendo-se ter cuidado com reduções grosseira de uma obra tão bem produzida. LOVETT, Frank. **Uma teoria da justiça, de John Rawls: guia de leitura**. Tradução Vinicius Figueira. Porto Alegre: Penso, 2013, p. 10.

especialmente no que diz respeito à posição original, ao consenso sobreposto e à primazia da liberdade dos modernos, para finalmente, trazer as respostas dada por Rawls, estas já na obra o Liberalismo Político..

O método utilizado será o dialético, havendo uma tese (teoria da justiça de Rawls), confrontada com uma antítese (críticas de Habermas), a fim de se chegar a uma síntese (que é a resposta ao problema proposto).

2. O DEBATE ENTRE JÜNGEN HABERMAS E JOHN RAWLS[2]

Adentrando na obra de Rawls, Habermas faz três críticas a fundamentos que seriam frágeis e sustentariam tal pensamento: a posição original, o consenso sobreposto e a primazia da liberdade dos modernos.

2.1 Crítica à Posição Original

2.1.1 A Posição Original e o Véu da Ignorância na Teoria da Justiça

Uma das ideias centrais da teoria de John Rawls é a da posição original, um artifício metodológico por meio do qual se cria um cenário em que os indivíduos livres e iguais e com igual capacidade racional, podem deliberar sobre o conteúdo dos termos contratuais fundamentais para o convívio social, seria, portanto, uma nova versão do contrato social, não mais preocupado com o tipo de governo a ser seguido, mas voltado para a determinação dos princípios que deveriam operar em qualquer sociedade justa a fim de assegurar direitos e deveres e determinar a divisão de benefícios sociais[3].

---

[2] O debate entre Rawls e Habermas foi bastante extenso, havendo réplicas e tréplicas de parte a parte. O presente artigo visa apenas a análise de como os argumentos de Habermas acerca da Teoria da Justiça fizeram Rawls explicar melhor alguns pontos e até rever outros. Portanto, o referido trabalho se limitará a análise das críticas constantes no texto Reconciliation Through the Public use of Reason: Remarks on John Rawls's Political Liberalism. Não se ignora, porém, que após a resposta de Rawls houve novos questionamentos de Habermas e outras críticas a Rawls, como, por exemplo, no texto A Historical Critique of John Rawls' A Theory of Justice: Failure to Communicate the Tradition.

[3] Destacando a diferença do contrato social de Rawls com os outros que lhe precederam, Neiva Afonso Oliveira destaca: "A pretensão de Rawls está em apresentar uma concepção de justiça comum a todos indivíduos, e por eles aceita. As teorias contratualistas tradicionais tentam determinar quais instituições políticas e sociais surgiriam espontaneamente, se os indivíduos estivessem em um primitivo 'estado de natureza', vivendo sem qualquer organização social ou governamental. Excetuando Rousseau, parece que os teóricos do contratualismo raramente tendem a historiar o modo como as sociedades e governos surgiram. Ao invés disso, analisam acordos sociais e políticos que surgem de um 'estado de natureza' e que determina a legitimidade de acordos sociais e políticos específicos que normalmente

A garantia de que os indivíduos se guiarão não por seus interesses particulares, mas por decisões puramente racionais, ocorre em virtude do véu da ignorância, outro elemento fundamental da sua teoria.

Nesse cenário, quando estão na posição original as pessoas estão sob um véu que os impede de conhecer qual é a sua classe ou seu status social, a sorte ou desventura que tiveram na distribuição de capacidades naturais, sua inteligência, sua força, sua raça, a geração à qual pertencem etc. Tampouco conhecem suas concepções do bem ou suas propensões psicológicas específicas. Além de desconhecer a sua própria existência, também não se conhece as circunstâncias da sociedade em que viverá, não se podendo saber a condição econômica, política, o nível de civilização e cultura que será atingido por tal civilização[4].

Em síntese, não é possível descobrir nenhum resquício que lhe garanta algum conhecimento de como será sua vida particular a fim de orientar suas escolhas para o seu favorecimento pessoal. Os únicos fatos conhecidos seriam aqueles genéricos acerca da sociedade humana, como os assuntos políticos, os princípios da teoria econômica, a base da organização social e as leis da psicologia humana. Afinal, "não há limites impostos às informações genéricas, ou seja, sobre as leis e as teorias gerais, uma vez que as concepções de justiça devem adaptar-se às características dos sistemas de cooperação social que devem reger[5]".

Explicando a função que esse véu da ignorância assume na teoria de Rawls, Fabricio Farone Ganem e Bernardo Zettel afirmam:

Como explica Rawls, o véu da ignorância desempenha um papel fundamental na manutenção da estabilidade de uma concepção política de justiça. Assim como a filosofia moral kantiana pretende retirar do sujeito moral autônomo quaisquer valores que possam influenciar na escolha de suas decisões individuais – em Kant esse objetivo é alcançado por meio da construção da ideia de Imperativo Categórico –, a teoria política rawlsiana concebe o véu da ignorância como forma de legitimar moralmente a

---

existem, por exemplo, justificam as democracias sobre as monarquias. Já a teoria rawlsiana, por seu turno, alega não estar interessada em defender qualquer tipo particular de governo ou qualquer sistema econômico; sua proposta consiste em determinar princípios que deveriam operar em qualquer sociedade justa a fim de assegurar direitos e deveres e determinar a divisão de benefícios sociais. Portanto, pessoas na 'posição original' não estarão escolhendo formas de governo ou esquemas econômicos de distribuição. Antes, estarão escolhendo princípios que deveriam limitar os meios pelos quais os indivíduos criam economias e governos". OLIVEIRA, Neiva Afonso. **Rousseau e Rawls: contrato em duas vias**. Porto Alegre: EDI-PUCRS, 2000, p. 115-116.

[4] GARGARELLA, Roberto. **As teorias da justiça depois de Rawls: um breve manual de filosofia política**. Tradução Alonso Reis Freire. São Paulo: WMF Martins Fontes, 2008, p. 21-22.

[5] RAWLS, John. **Uma teoria da justiça**. 4 ed. rev. Trad. Álvaro Vita. São Paula: Martins Fontes, 2016, p.167.

formulação dos princípios de justiça. A ideia essencial é garantir as condições de justiça procedimental, sobretudo a igualdade e liberdade, como meio para que a deliberação possa alcançar um resultado substantivo justo. Nessas condições de equidade é que se escolhem os princípios de justiça orientadores das principais instituições políticas e sociais e que se alcança o consenso sobreposto[6].

Com isso, Rawls buscou criar um sistema de justiça em que as pessoas seriam levadas a decidir por princípios de justiça que proporcionassem o maior benefício possível com o menor custo a ser pago (maximin), conseguindo aliar os benefícios do utilitarismo ao mesmo tempo em que se garantia um mínimo social a todos.

2.1.2 A crítica de Habermas

Habermas inicia suas críticas destacando a situação das pessoas na posição original, que, diferentemente daquelas que estão na sociedade, seriam guiadas unicamente por decisões racionais. Com isso, Rawls teria separado o conceito de autonomia política em dois elementos: de um lado, as características moralmente neutras das partes que buscariam a sua vantagem racional; de outro, os constrangimentos situacionais moralmente substantivos sob os quais as partes escolheriam os princípios para um sistema justo de cooperação. Com isso, as partes, como representantes fictícios dos cidadãos reais, não precisariam considerar as questões de um ponto de vista moral[7].

Dessa forma, ao não considerar o ponto de vista moral, as pessoas não mais possuiriam uma autonomia plena, visto que tal característica se encontraria limitada pelas circunstâncias. Assim, o comportamento puramente racional retiraria a possiblidade de se atingir o verdadeiro sentido deontológico de justiça, que só pode ser alcançado com uma base de moralidade. Para suprir essa limitação, Rawls teria carregado sua teoria de pressuposições substantivas, afastando-se do seu projeto procedimental[8].

---

6 GANEM, Fabricio Faroni; ZETTEL, Bernardo. **John Rawls e Jürgen Habermas: dois projetos deliberativos para uma democracia pluralista**. Revista Jus Navigandi, ISSN 1518-4862, Teresina, ano 17, n. 3370, 22 set. 2012. Disponível em: <https://jus.com.br/artigos/22657>. Acesso em: 16 fev. 2018.

7 HABERMAS, Jürgen. **Reconciliation Through the Public use of Reason: Remarks on John Rawls's Political Liberalism**. Journal of Philosophy, 1995, p. 111. Disponível em http://dx.doi.org/10.2307/2940842. Acesso em 17/02/2018.

8 Nesse sentido, Habermas afirma: "Eu acredito que Rawls poderia ter evitado as dificuldades associadas ao desenho de uma posição original se houvesse operacionalizado o ponto de vista moral de uma maneira diferente, a saber, se houvesse mantido a concepção procedimental de razão prática livre de conotações substantivas, desenvolvendo-a em uma forma estritamente procedimental (No original: ""I believe that Rawls could avoid the difficulties associated with the design of an original position if he operationalized the moral point of view in a different

Renato Francisquini comenta essa crítica concluindo da seguinte maneira:

O principal questionamento de Habermas, nesse caso, refere-se ao fato de a justificação dos princípios de justiça se concentrar menos na deliberação que ocorre no dispositivo de representação do que nas intuições e conceitos básicos que guiam a construção da posição original. Rawls teria inserido conteúdos normativos no procedimento de justificação, em especial aqueles que se referem às duas capacidades da pessoa moral. Segundo Habermas, o conceito de pessoa moral que sustenta a concepção de cooperação justa entre cidadãos autônomos exige uma justificação anterior – assim como é preciso demonstrar que essa concepção é neutra em relação a visões de mundo conflitantes, antes e depois de erguido o véu de ignorância. Isso representaria certa indefinição sobre a natureza do que precisa ser justificado e sobre como a pretensão de validade da teoria deve ser compreendida[9].

Resumidamente, então, a crítica de Habermas é que quando Rawls adota a questão da posição original e limita as pessoas a um raciocínio puramente racional, retirando aspectos de moralidade, automaticamente, cria uma situação em que esses indivíduos não teriam mais a preocupação sobre os princípios de justiça. Para remediar isso, Rawls teria inserido esses princípios como pressupostos substantivos, destruindo com a coerência e a sua proposta procedimental de sua teoria.

2.1.3 A resposta de Rawls

A resposta de Rawls foi dada originalmente num artigo publicado no Journal of Plilosophy 92 (março de 1995), que foi inserido na sua obra o Liberalismo Político, como a Conferência IX.

Nesse cenário, o autor começa esclarecendo que a sua teoria possui uma proposta bem diferente, muito menos abrangente, daquela defendida por Habermas. Ademais, os dispositivos de representação de ambas também diferem, pois enquanto o autor alemão trabalha com a situação ideal de fala como parte da ação comunicativa, Rawls utiliza a posição original. Tais dispositivos têm diferentes objetivos e papeis, assim como características diferentes, prestando-se também a diferentes finalidades[10].

É a partir dessa diferenciação que Rawls explica a função da posição original, que não teria o mesmo objetivo do agir comunicativo, sendo isso uma confusão de Habermas, que tentou equiparar propostas completamente

---

way, namely, if he kept the procedural conception of practical reason free of substantive connotations by developing it in a strictly procedural manner"). *ibid.* p. 116.

[9] FRANCISQUINI, Renato. **Democracia, justiça e o uso público da razão: Reflexões sobre o debate entre Rawls e Habermas**. Teoria & Pesquisa, v. 22, 2013, p. 27.

[10] RAWLS, John. **O liberalismo político**. ed. amp. Trad. Álvaro de Vita. São Paula: Martins Fontes, 2011, p. 441.

diferentes.

Dessa forma, o liberalismo político se caracterizaria por ser uma concepção política de justiça com base em três condições: ele se aplica à estrutura básica da sociedade (que no caso da justiça como equidade, supõe-se que se trata de uma democracia); ela deve ser formulada de modo independente de qualquer doutrina abrangente religiosa, filosófica ou moral; e todas as suas ideias fundamentais (como a sociedade política concebida como um sistema equitativo de cooperação social e dos cidadãos considerados racionais, livres e iguais) pertencem à categoria do político e são conhecidas da cultura política pública de uma sociedade democrática e de suas tradições de interpretação da Constituição e das leis fundamentais[11].

Com isso, há uma explicitação do campo a ser trabalhado por Rawls, que se limita a um projeto político para ditar os rumos de determinada sociedade, não há uma intenção no Liberalismo Político de estabelecer princípios de justiça sobre a atuação das pessoas, o projeto é unicamente político, não podendo ser um pressuposto de nenhuma doutrina abrangente, logo, é preciso ir à posição original.

Já Habermas, na visão de Rawls, possui uma doutrina abrangente que vai muito além da filosofia política. O propósito de sua teoria comunicativa, então, seria fornecer uma teoria geral do significado, referência e verdade ou validade, cuja aplicação se aplicaria tanto à razão teórica quanto à diversas modalidades de razão prática[12], o que torna seu objeto muito mais amplo.

Assim, comparando os dois expedientes, Rawls afirma que a teoria da ação comunicativa se utiliza do dispositivo analítico da situação ideal de fala, que se propõe a estabelecer de modo completo os pressupostos da discussão livre e racional, orientada pela força do melhor argumento. De modo que se todas as condições requeridas fossem efetivamente realizadas e as normas plenamente respeitadas, o consenso racional contaria com a garantia da verdade ou validade. Por outro lado, o dispositivo hipotético da posição original procura assegurar as condições razoáveis para que os cidadãos possam construir princípios de justiça. A construção acontece em condições equitativas, não havendo privilégios, não há *experts*, um filósofo não tem mais autoridade do que os outros cidadãos[13].

Dessa maneira, embora ambas as propostas sejam voltadas aos cidadãos e tratem de ideias e valores, Rawls destaca que a o seu escopo é diferente de Habermas, pois a sua intenção é a elaboração de um projeto que seja restrito ao campo político, por isso, a utilização da posição original é útil e atende aos objetivos propostos, que são menos abrangentes em comparação ao projeto filosófico elaborado pelo alemão.

---

[11] *ibid*. p. 444-445.
[12] *ibid*. p. 445.
[13] *ibid*. p. 451.

2.2 A crítica de Habermas ao consenso sobreposto

A segunda crítica elaborada por Habermas, que, de certa forma, está relacionada com a primeira, direcionando questionamentos à aceitação e estabilidade de tal teoria da justiça.

Considerando o fato do pluralismo social, Rawls procurou demonstrar que os princípios de justiça construídos na posição original, quando aplicados à constituição de uma sociedade pluralista, seriam capazes de assegurar a estabilidade social necessária a um sistema político. O autor partiu da ideia de que é possível encontrar um consenso sobreposto, das diversas concepções razoáveis do bem, acerca dos princípios de justiça escolhidos na posição original[14].

Habermas, porém, questiona essa argumentação de Rawls afirmando que não fica clara a relação entre a aceitabilidade racional dos princípios de justiça e a estabilidade produzida pelo sistema. Esse teste de aceitabilidade, segundo o alemão, não poderia ser feito de forma imanente, precisaria de uma avaliação real.

Nesse contexto, numa democracia deliberativa, a teoria, de forma geral, deveria estar sujeita à crítica dos cidadãos no fórum da razão pública. Ao situar a questão da estabilidade no plano teórico, o consenso sobreposto tornar-se-ia apenas uma contribuição funcional da teoria da justiça para a institucionalização pacífica da cooperação social, na qual o valor intrínseco de uma teoria justificada deveria ser pressuposto de antemão. Da forma como foi elaborado, o consenso sobreposto transformou-se apenas num índice de utilidade, perdendo a capacidade de confirmar os critérios de validade da teoria[15]. Assim, a teoria apareceria previamente justificada aos cidadãos. Sendo meramente pacificadora e não justificadora a função do consenso por sobreposição, ele não teria validade[16].

Portanto, resumidamente a crítica de Habermas é de que a teoria de Rawls não pode ser deduzida da posição original, esse não seria um teste válido, afinal, a sua relação a partir do momento da sua aplicação já não se dá mais com indivíduos fictícios, mas com pessoas reais e só por meio de uma deliberação pública é que isso pode ocorrer.

---

[14] ORBEN, Douglas. J. **Jürgen Habermas e John Rawls: um debate sobre o liberalismo político**. Kínesis (Marília), v. 8, 2016, p. 5.

[15] FRANCISQUINI, 2013, p. 28.

[16] ANDRADE, Igor Ascarelli Castro de. **O liberalismo político de Rawls ante a teoria discursiva de Habermas: o consenso por sobreposição e a razão pública na fundamentação liberal do estado democrático de direito**. Revista da Faculdade de Direito da Universidade Federal de Minas Gerais (Impresso), v. 53, 2008, p. 188.

2.2.1 A resposta de Rawls

Inicialmente o autor faz uma diferenciação entre três formas de justificação ("pro tanto, plena e pública) e duas de consenso (sobre a política cotidiana e sobreposição razoável), que, segundo ele, é fundamental para a resposta à questão trazida.

Nesse cenário, começando pela justificação "pro tanto", ela consideraria apenas os valores políticos, sendo pressuposto que essa concepção, adequadamente formulada, seja completa, isto é, os valores políticos por ela especificados podem ser ordenados ou equilibrados de forma que apenas esses valores bastem para oferecer uma resposta razoável, mediante a razão pública, a todas ou praticamente todas as questões referentes a elementos constitucionais e de justiça básica[17]. Apesar de oferecer uma resposta razoável, ela pode ser sobrepujada pelas doutrinas abrangentes dos cidadãos e, portanto, não é o melhor caminho a ser seguido.

A segunda justificação é a plena, que seria realizada por cada cidadão individual, como membro de uma sociedade civil. Aceitando a concepção política, cada cidadão completa essa justificação inserindo-a, de alguma forma, em suas doutrinas abrangentes, quer como verdadeira, quer como razoável. A concepção política não ofereceria nenhuma orientação nesse sentido, já que não se devem ser levados em conta valores não políticos[18]. Trata-se, então, de outra justificativa que não serve para os propósitos da teoria de Rawls.

Por fim, a justificação pública seria aquela adotada pela sociedade política e constituiria a ideia base do Liberalismo Político, estando em sintonia com outras três ideias: o consenso sobreposto razoável, a estabilidade pelas razões certas e a legitimidade.

Dessa forma, a justificação pela sociedade política ocorreria sempre que houvesse uma concepção compartilhada de justiça, mesmo em meio a um pluralismo de concepções de bem, inserindo-a em suas diferentes doutrinas abrangentes razoáveis. Ademais, é importante destacar que embora a justificação pública dependesse das doutrinas abrangentes, o que só se verificaria de forma indireta, afinal, os conteúdos explícitos dessas doutrinas não teria nenhum papel normativo na justificação pública, cabendo aos cidadãos leva-las em consideração, atribuir-lhes peso apenas no caso de se observar o consenso sobreposto razoável[19].

Sobre o assunto, Rawls afirma:

Esse caso fundamental de justificação pública é aquele no qual a

---

[17] RAWLS, 2011, p. 456.
[18] *ibid*. p. 457.
[19] *ibid*. p. 458.

concepção política de justiça compartilhada constitui o terreno comum e todos os cidadãos razoáveis considerados coletivamente (mas não agindo como corpo coletivo) conservam-se em um estado de equilíbrio reflexivo amplo e geral, ao afirmarem a concepção política com base em suas diferentes doutrinas abrangentes razoáveis (...) Não há, então, justificação pública para a sociedade política sem que exista um consenso sobrepostos razoável, e tal justificação também se conecta a ideia de estabilidade pelas razões certas, assim como a de legitimidade[20].

Uma vez demonstradas as justificações, é hora de analisar os dois tipos de consensos trazidos pelo autor.

O primeiro deles é o que vem da política ordinária, na qual a tarefa do político consiste em possibilitar acordos. Assim, diante de diversos interesses e demandas presentes na sociedade, o político procura se empenhar para montar uma coalizão capaz de conquistar apoio o suficiente, de todos ou da maioria. Trata-se, então, de um acordo que pode ser presente ou latente e é originado da habilidade do político de conciliar interesses para chegar a uma solução[21]. Essa proposta, tão presente até hoje na sociedade, especialmente as que têm traços democráticos e pluralistas, não é a adotada por Rawls em seu Liberalismo Político.

O outro paradigma é o consenso sobreposto razoável que parte da ideia de que a concepção política de justiça é articulada como uma visão que se sustenta por si própria e pode ser justificada *pro tanto*, sem levar em conta ou tentar se ajustar a outras doutrinas abrangentes existentes. Essa justificação procura não colocar nenhum obstáculo a que outras doutrinas razoáveis subscrevam uma concepção política, eliminando-se dessa concepção toda a ideia que vá além do político[22].

Com isso, trata-se de um pacto político de convivência que sobrepõe as doutrinas abrangentes individuais e de grupos da sociedade, havendo uma tolerância que permite uma convergência de posições. Assim, a ideia de consenso sobreposto é um expediente utilizado pelo autor para garantir uma justiça compartilhada adequada ao pluralismo razoável presente na sociedade.

O próprio autor testa a possibilidade de atingir esse intento, levantando objeções contra essa ideia de unidade social fundada num consenso sobreposto acerca de uma concepção política de justiça.

A primeira delas seria que o consenso sobreposto não passaria de um *modus vivendi* a ser atingido pela sociedade em prol de uma única ideia, como se houvesse o convencimento de seus integrantes que acreditariam sinceramente todos num mesmo modelo. O autor refuta essa possibilidade em razão do pluralismo existente, que impediria esse acordo total, sendo

---

[20] *ibid*. p. 458-460.
[21] *ibid*. p. 460.
[22] *ibid*. p. 460.

rejeitado ainda o emprego opressivo do poder estatal para forçar a sua aplicação.

Portanto, o consenso sobreposto não seria aquele em que todos professam a mesma doutrina abrangente, numa sociedade pluralista de indivíduos livres e iguais isso não seria possível, não é daí que vem a estabilidade do sistema. Admite-se e aceita-se que as pessoas partam de pontos de vista diferente, guiando-se pelas próprias doutrinas abrangentes.

O que se propõe é que os indivíduos mesmo defendendo uma doutrina abrangente particular, sejam capazes de conviver numa mesma sociedade, guiada por uma mesma concepção política, havendo tolerância para que todas as ideias razoáveis se mantenham presentes na sociedade. Em suma, o consenso sobreposto não está ligado a uma racionalidade estratégia de imposição de ideias, mas a um acordo moral em que há o comprometimento das pessoas para a convivência numa sociedade plural.

A segunda objeção parte da ideia de que o consenso sobreposto, ao não se vincular a nenhuma doutrina abrangente, traria consigo um ceticismo que permitiria à sociedade adotar qualquer caminho.

Rawls objeta essa tese, afirmando que o fato de não se adotar uma doutrina específica não significa indiferença para com as diversas doutrinas abrangentes na sociedade. Esse argumento, aliás, atingiria praticamente qualquer doutrina procedimentalista, uma vez que ao não fornecer previamente o conteúdo de justiça, como fazem os substancialistas, inevitavelmente haveria uma dose de ceticismo quanto ao resultado.

Voltando às argumentações de Rawls, o autor diferencia o fato de não se adotar ou negar previamente uma doutrina, que é o defendido por ele, com ser indiferente a isso, que é o resultado da ideia cética. O que se busca, então, é uma concepção política, que após cuidadosa reflexão, se mostre congruente com as diversas posições, que devem se adequar a esse acordo. Não há indiferença, há apenas uma compatibilidade que garante a convivência de todas as posições razoáveis[23] presentes na sociedade.

Por fim, destaca-se que esse consenso seria utópico, não havendo forças políticas capaz de criá-lo. Não há uma utopia, tal consenso pode ser produzido progressivamente, podendo-se identificar, na visão do autor dois estágios, um primeiro que seria atingido por meio do consenso constitucional (garantindo certos princípios liberais de justiça política), preparando o terreno para o consenso sobreposto, que seria o segundo estágio de maturidade da sociedade em torno de uma concepção política capaz de abranger as várias doutrinas abrangentes.

---

[23] Quando se fala em posições razoáveis, o autor não está advogando uma tese substancialista que parta de seu ideal sobre o que é certo ou errado. Ele está se referindo apenas a possibilidades em que a posição defendida restringe o consenso razoável, como no caso de uma defesa religiosa em que se nega o pluralismo e se pregue uma guerra civil para imposição do *modus vivendi* baseado nos preceitos daquela seita religiosa.

Dessa forma, o consenso sobreposto não é um artifício frágil, incapaz de explicar entre a aceitabilidade racional dos princípios de justiça e a estabilidade produzida pelo sistema, mas uma ferramenta poderosa, capaz de propiciar a estabilidade pelas razões certas, devendo ser interpretada da seguinte forma: (a) a estrutura básica é regulada pela concepção política de justiça mais razoável; (b) a concepção política é apoiada por um consenso sobreposto de todas as doutrinas abrangentes razoáveis existentes na sociedade; e (c) as discussões políticas na esfera pública sobre elementos constitucionais essenciais e questões de justiça básica podem ser decididas, de forma razoável, em referência às razões especificadas por tal concepção política de justiça[24].

Assim, Rawls acredita que a ideia de justificação pública articulada com o consenso sobreposto razoável, a estabilidade pelas razões certas e a legitimidade, presentes na sua teoria, são capazes de responder satisfatoriamente aos questionamentos de Habermas. Nas palavras do autor:

O que dissermos até aqui desenvolve a ideia de uma concepção política que se sustenta por si própria e que é justificada, o que nos permite responder à primeira questão de Habermas: se a ideia de um consenso sobreposto acrescenta algo à justificação da concepção política ou simplesmente estabelece uma condição necessária para a estabilidade social. A resposta à sua primeira questão é dada pela terceira ideia de justificação – a de justificação pública – e pelo modo como se articula às três outras ideias: a de um consenso sobreposto razoável, a de estabilidade pelas razões certas e a de legitimidade[25].

Portanto, Rawls mantém íntegra a base da sua teoria, sem precisar recorrer a uma deliberação externa para justificar os princípios da justiça determinados pelos indivíduos na posição original.

2.3. Liberdade dos Modernos versus Liberdade dos Antigos

A última crítica elaborada por Habermas diz respeito à liberdade dos modernos (liberdades individuais) versus a liberdade dos antigos (liberdades de participação democrática).

Habermas acredita que embora ambas liberdades tenham a mesma raiz na teoria de Rawls, qual seja, a autonomia moral e política, essa autonomia política acaba sendo modelada pela posição original, o que deixa o processo democrático num patamar inferior quando comparado à liberdade dos modernos.

Lilian Sendretti R. Macedo explica que no entender de Habermas, as

---

[24] FRANCISQUINI, 2013, p. 32.
[25] RAWLS, 2011, p. 465.

formulações teóricas de Rawls plasmam o conteúdo normativo em que os atores reais podem agir e, portanto, impedem o desenvolvimento da deliberação democrática. Com isso, os cidadãos da teoria ralwsiana não podem conceber a constituição democrática como um projeto, instaurando-se assim um paradoxo entre o uso público da razão e a estabilidade política, no qual a opção pela estabilidade produz o esvaziamento de sentido da autonomia política. Sendo assim, a teoria de Rawls seria alheia à desobediência civil e à produção de processos de mudanças derivados da constante formação política da vontade, pois seu objetivo é a preservação da estabilidade política de modo não violento. Portanto, na concepção de Habermas, os direitos fundamentais são pré-políticos, ou seja, não fazem parte do processo de formação política da vontade e, por conseguinte, da formação da identidade pública dos cidadãos[26].

Ademais, Habermas acredita que a autonomia política, modelada na posição original, possui um status artificial, pois ela não contempla os cidadãos reais que habitam no coração de uma sociedade política. Com efeito, ao limitar a autonomia política a condições artificiais, na qual os princípios fundamentais de uma sociedade justa são construídos, a teoria da justiça não fazia jus à autonomia política real, aquela dos cidadãos que fazem parte de uma sociedade existente. Neste caso, como os princípios políticos são construídos de antemão, então a participação democrática ficaria limitada[27].

2.3.1 A resposta de Rawls

Segundo Rawls, Habermas não teria compreendido completamente a ideia fundamental da posição original, que não seria uma prisão na qual as novas gerações estariam subordinadas aos ditames elaborados pelos antigos. Assim, não se trata de um procedimento meramente teórico e sim de um modelo deliberativo, que possui quatro estágios e tem como função fazer com que os cidadãos aceitem a justiça como equidade e apliquem seus conceitos e princípios.

Assim, o primeiro estágio seria a posição original, na qual as partes escolhem os princípios da justiça. A seguir, passa-se à convenção constitucional em que há a formulação dos princípios e as normas de uma Constituição à luz dos princípios de justiça que já estão à mão. Depois disso, vêm os legisladores, que aprovam leis de acordo com a Constituição e segundo os princípios de justiça o exijam e permitam. Por fim, os juízes

---

[26] SENDRETTI, Lilian. **O debate entre Rawls e Habermas: considerações preliminares acerca do limite entre as esferas pública e privada.** In: IV Seminário Discente da Pós-Graduação em Ciência Política da USP, 2014, São Paulo. IV Seminário Discente da Pós-Graduação em Ciência Política da USP, 2014.

[27] ORBEN, 2016, p. 14.

interpretam a Constituição e as leis como membros do Judiciário, sempre mantendo coerência com os princípios da justiça[28].

Assim, as instituições sob as quais se encontram os cidadãos em uma sociedade não são obra da intuição de um filósofo político que as institui fora do controle dos que a ela se submetem, elas são fruto de gerações anteriores, e deverão ser avaliadas e eventualmente modificadas a partir dessa condição. Seria um equívoco, portanto, supor que o emprego de uma situação original hipotética constituiria uma escolha de princípios que valham para todo o sempre. Os cidadãos, então, continuariam debatendo questões envolvendo os princípios de justiça e as políticas públicas[29].

Destarte, não há essa perpetuidade mencionada por Habermas, a Constituição é um projeto inacabado, em deliberação constante, que sempre pode ser confrontada com juízos ponderados. Desse modo, para Rawls para que os indivíduos tenham autonomia, basta que vivam sob a autoridade de uma Constituição justa, que assegure sua liberdade e igualdade, com todas as leis e preceitos de nível inferior também conforme os ideais constitucionais, sendo garantido mecanismo que permitam uma mudança dessas normatizações em caso de novas circunstâncias dadas pela transformação social constante.

Quanto à questão relativa ao significado da autonomia política e o modo de realizá-la, Rawls afirma que no Liberalismo Político a autonomia é entendida a partir de uma concepção política e não por um viés moral.

Por fim, quanto à distinção de identidades pública e privada dos cidadãos, na qual seria dado primazia a estes últimos, sendo os primeiros apenas instrumentos das liberdades fundamentais, Rawls nega que a sua teoria defenda essa visão, afirma que já na sua Teoria da Justiça trabalhava com a co-originalidade da autonomia pública e privada, que têm peso igual. Nas palavras dele:

Essas liberdades são co-originais pela razão ulterior de que tanto uma quanto outra têm fundamento em uma das faculdades morais ou em ambas, respectivamente, na capacidade de ter um senso de justiça e na capacidade de ter uma concepção do bem. Assim como as próprias liberdades, as duas faculdades elas mesmas não são hierarquizadas; ambas constituem aspectos essenciais da concepção política de pessoa e a cada uma corresponde seu próprio interesse de ordem superior[30].

Portanto, ambas as autonomias são igualmente necessárias e atuam conjuntamente para a construção de uma sociedade justa, não há a primazia de uma sobre a outra, sendo isso uma leitura equivocada de Habermas.

---

[28] RAWLS, 2011, p. 470.
[29] FRANCISQUINI, 2013, p. 33.
[30] RAWLS, 2011, p. 489.

3. CONSIDERAÇÕES FINAIS

Analisando o debate entre Rawls e Habermas, nota-se que eles têm uma preocupação com a justificação pública do exercício do poder político, que não pode ser exercido de forma arbitrária em uma sociedade pluralista como a atual.

Ademais, ambos são essencialmente procedimentalistas, buscando não produzir uma solução acabada a ser adotada, mas um método capaz de garantir uma participação de cidadãos livres e iguais que devem tomar suas decisões de acordo com a especificidade da sociedade em que vivem. Assim, soluções diversas e igualmente aceitáveis poderiam ocorrer de acordo com a cultura, a história e elementos característicos que identifiquem determinada coletividade, a busca seria por um método capaz de garantir uma aceitação e participação por partes dos seus integrantes, que devem ser tidos não apenas como objetos, mas também autores das normas.

Apesar desse inegável objetivo em comum, nota-se que ambos possuem visões diferentes de como realizar esse projeto: Habermas mais ligado a uma solução de deliberação pública dos cidadãos e Rawls por meio de um sofisticado contrato social, no qual é formulada uma concepção política capaz de garantir a convivência das mais diversas doutrinas abrangentes, que ainda que não coincidentes, reconhecem tal forma política como a mais adequada a ser adotada, até porque elas foram objeto de deliberação e obedeceram aos princípios da justiça.

Nesse sentido, o debate entre ambas as teorias foi uma grande oportunidade para que cada um pudesse demonstrar o seu ponto de vista, trazendo um grande desenvolvimento aos estudos da matéria.

Adentrando nas questões levantadas por Habermas, foi possível verificar que Rawls manteve uma postura bastante defensiva e buscando sempre explicar como a sua teoria enxergava tal situação, sem que muitas vezes enfrentasse, de fato, o problema levantado. Tratava-se de algo que esclarecia o pensamento do autor sobre o assunto, mas não resolvia o questionamento levantado.

A primeira questão, por exemplo, que falava da posição original e inviabilidade das pessoas em, por meio de um raciocínio puramente racional, conseguir criar princípios de justiça que satisfariam a todos.

Em sua resposta, Rawls explicou com maestria a diferença entre a sua proposta, que seria bem menos restrito, sendo apenas uma concepção política, não pretendendo abarcar um agir comunicativo, como almejava a teoria de habermasiana.

Entretanto, não há um enfrentamento mais direto à questão em si, não se fala como esses cidadãos, guiados unicamente pela sua racionalidade, sem qualquer noção prévia de moralidade iriam realmente chegar a essa solução, trata-se como bem falou Habermas de uma pressuposição de Rawls, que prejudica sensivelmente sua proposta procedimental, visto que ela acaba acompanhada de um substancialismo indesejável, que são esses valores prévios à posição original, valores que não são deliberados, mas pressupostos.

Aliás, a própria noção de suspender a realidade para a formação de um contrato social, embora seja uma ferramenta poderosa para explicar o seu raciocínio, acaba sendo uma idealização irrealizável, visto que é impossível de ser realizada, ainda que teoricamente. Reconhece-se que a proposta do autor não falava na literalidade da posição original, ele foi expresso nesse sentido, mas, mesmo num plano puramente especulativo isso, desde a viragem linguística tornou-se impossível de se pensar, afinal, não há como separar a pessoa da realidade em que se encontra, uma vez que não há mais algo "fora" da linguagem, toda a relação entre o ser e o mundo passa pela linguagem. Não existem condições prévias nem condicionantes que se afastem dessa linguagem.

Assim, a primeira crítica de Habermas, sem dúvida alguma, abala as ideias defendidas por Rawls, cuja explicação parece mais um subterfúgio para explicar suas diferenças para Habermas do que propriamente resolver a situação.

A segunda questão, que toca o consenso sobreposto segue mais ou menos a mesma linha da primeira crítica. Quando Habermas critica a aceitação e estabilidade de uma teoria feita previamente na posição original, tem como resposta que a justificação pública aliada a um consenso sobreposto razoável é capaz de dar conta da questão.

O termo razoável é usado diversas vezes na obra de Rawls, mas não há uma explicação exata do que o autor quer realmente dizer com isso. Leif Wenar lembra que Rawls faz referência a princípios de justiça razoáveis, juízos razoáveis, decisões razoáveis, uma concepção de justiça razoável, expectativas razoáveis, consenso sobreposto razoável, normas razoáveis e etc, mas não em nenhum momento esclarece o que seria razoabilidade para ele.

Assim, ao responder Habermas com base em uma razão pública razoável capaz de formar um consenso sobreposto razoável, na verdade, Rawls está sendo coerente com a sua teoria, mas não aponta a solução para o problema proposto.

Por fim, nessa mesma linha Rawls se defende do último questionamento de Habermas, afirmando que a autonomia política e a moral possuem o mesmo peso, sendo que o consenso original não seria uma prisão que limitaria as futuras gerações, mas um esquema deliberativo para guiá-los corretamente, a fim de se seguir os princípios de justiça de determinada sociedade.

Novamente aqui há uma defesa da sua teoria, mas não há uma explicação de como ocorre essa separação entre autonomia política e moral, entre identidade pública e privada. Há um vácuo onde nem sempre é possível diferenciar quando os indivíduos vão poder fazer uso de suas doutrinas abrangentes ou não. Dessa forma, ao aceitar que os cidadãos permaneçam com suas próprias doutrinas abrangentes a despeito de aceitar uma concepção diferente da sua, o autor não é bem claro no que diz respeito dos limites em que essa atuação deve ocorrer, sendo mais um ponto obscuro de sua obra.

Portanto, as críticas de Habermas tocaram em pontos frágeis e conseguiram abalar os fundamentos da teoria de John Rawls, que embora tenha tentado justificar os pontos questionados, adequando-os à sua teoria, não conseguiu resolver os problemas apontados. Isso, contudo, não diminui a importância de sua obra, que, sem dúvida alguma, apesar de não ser completa fornece subsídios importantes para o estudo da Teoria da Justiça.

4. REFERÊNCIAS

ANDRADE, Igor Ascarelli Castro de. **O liberalismo político de Rawls ante a teoria discursiva de Habermas: o consenso por sobreposição e a razão pública na fundamentação liberal do estado democrático de direito.** Revista da Faculdade de Direito da Universidade Federal de Minas Gerais (Impresso), v. 53, p. 177-202, 2008.

FRANCISQUINI, Renato. **Democracia, justiça e o uso público da razão: Reflexões sobre o debate entre Rawls e Habermas.** Teoria & Pesquisa, v. 22, p. 21-36, 2013.

GANEM, Fabricio Faroni; ZETTEL, Bernardo. **John Rawls e Jürgen Habermas: dois projetos deliberativos para uma democracia pluralista.** Revista Jus Navigandi, ISSN 1518-4862, Teresina, ano 17, n. 3370, 22 set. 2012. Disponível em: <https://jus.com.br/artigos/22657>. Acesso em: 16 fev. 2018.

GARGARELLA, Roberto. **As teorias da justiça depois de Rawls: um breve manual de filosofia política.** Tradução Alonso Reis Freire. São Paulo: WMF Martins Fontes, 2008.

HABERMAS, Jürgen. **Reconciliation Through the Public use of Reason: Remarks on John Rawls's Political Liberalism.** Journal of Philosophy, 1995, p. 109-131. Disponível em http://dx.doi.org/10.2307/2940842. Acesso em 17/02/2018.

LOVETT, Frank. **Uma teoria da justiça, de John Rawls: guia de leitura**. Tradução Vinicius Figueira. Porto Alegre: Penso, 2013.

OLIVEIRA, Neiva Afonso. **Rousseau e Rawls: contrato em duas vias**. Porto Alegre: EDI-PUCRS, 2000.

ORBEN, Douglas. J. **Jürgen Habermas e John Rawls: um debate sobre o liberalismo político**. Kínesis (Marília), v. 8, p. 1-18, 2016.

RAWLS, John. **O liberalismo político**. ed. amp. Trad. Álvaro de Vita. São Paula: Martins Fontes, 2011.

_____. **Uma teoria da justiça**. 4 ed. rev. Trad. Álvaro Vita. São Paula: Martins Fontes, 2016.

SENDRETTI, Lilian. **O debate entre Rawls e Habermas: considerações preliminares acerca do limite entre as esferas pública e privada**. In: IV Seminário Discente da Pós-Graduação em Ciência Política da USP, 2014, São Paulo. IV Seminário Discente da Pós-Graduação em Ciência Política da USP, 2014.

2

SAÚDE, MERCADO E CAPITALISMO NA PÓS-MODERNIDADE: A MERCANTILIZAÇÃO DA SAÚDE E O NIILISMO DOS VALORES ÉTICOS E MORAIS COMO FORMA DE DOMINAÇÃO E FETICHIZAÇÃO DA SOCIEDADE CONTEMPORÂNEA

Alessandra Soares Fernandes
Laura Pimenta Krause Tose

RESUMO: O presente artigo objetiva realizar algumas reflexões no que tange aos aspectos contemporâneos relacionados com a mercantilização da saúde, e, assim, analisar como os valores e leis do mercado vem governando de forma crescente todas as áreas da vida social, fazendo com que as relações sociais e os comportamentos dos indivíduos e instituições privadas e governamentais sejam pautadas por condutas voltadas aos interesses meramente econômicos, desprovido de quaisquer valores sociais, éticos e morais. Dessa forma, o presente trabalho busca compreender como o direito à saúde é impactado pelo mercado, posto que, apesar de devidamente previsto na Constituição de 1988, a saúde enquanto direito de todos, que deveria ser garantido pelo Estado, diante da insuficência de recursos públicos, passou também a ser objeto de interesse privado, e, assim, tratada como um fetiche da economia de mercado, o que de certo modo, reflete a questão da mercantilização da saúde. Dentro desse contexto, o panorama tornou-se favorável para a oferta e comercialização de planos de saúde privados, com o objetivo de oferecer os serviços de saúde mediante a contraprestação daqueles que aderissem as cláusulas, muitas vezes abusivas e extremamente mercantilistas, dos referidos planos.

1. INTRODUÇÃO

O período posterior a segunda guerra mundial, pode ser considerado como um marco histórico em termos de conquista para a sociedade, tendo em vista que, a partir desse período tornou-se importante destinar ao cidadão a proteção dos seus direitos e garantias fundamentais, sendo tais direitos imprescindíveis para uma vida digna, sobretudo, diante de todas as violações praticadas no decorrer dos períodos em que esses direitos não eram reconhecidos, tais como o direito a educação, a saúde e alimentação.

No cenário nacional, em que se torna latente o debate a respeito da necessidade do Estado, enquanto um dos garantidores dos Direitos Fundamentais e, também, estando entre os seus objetivos, proporcionar aos cidadãos uma ampla possibilidade de acesso aos bens básicos, intrínsecos ao ser humano, a saúde aparece no rol dos direitos sociais como um bem fundamental a que se deve destinar uma atenção especial.

Seguindo esta tendência, a Constituição Federal Brasileira de 1988, diferentemente dos textos anteriores, ressalta, em um capítulo próprio, a importância que deve ser dispensada à saúde, estabelecendo no art. 196, ser um direito de todos e dever do Estado. Denota-se que, além de ser considerado um direito individual, a saúde, foi consubstanciada como um direito coletivo, o que desvela o caráter peculiar da norma, em que se almejam políticas eficazes afastando a característica de uma norma meramente programática.

Ocorre que, apesar de devidamente previsto na Constituição de 1988, a saúde enquanto direito de todos, que deveria ser garantido pelo Estado, diante da insuficência de recursos públicos, passou também a ser objeto de interesse privado, e, assim, tratada como um fetiche da economia de mercado, o que de certo modo, reflete a questão da mercantilização da saúde. Dentro desse contexto, o panorama tornou-se favorável para a oferta e comercialização de planos de saúde privados, com o objetivo de oferecer os serviços de saúde mediante a contraprestação daqueles que aderissem as cláusulas, muitas vezes abusivas e extremamente mercantilistas, dos referidos planos.

Dessa forma, percebe-se que, a questão da saúde, no caso brasileiro, é considerada como um sistema, em que se coloca em discussão tanto os recursos públicos, mas, também, recursos privados, provenientes dos planos de saúde e demais entidades que atuam no sistema de saúde, através do fomento do Estado, tais como os organismos do terceiro setor.

Atualmente nos encontramos num verdadeiro avanço na lógica e ideologia da economia de mercado, posto que em outros tempos nem todos os bens eram postos como objeto, entretanto, nas sociedades contemporâneas diversos direitos sociais, como a educação e a saúde, passam a ser caracterizados e tratados como um fetiche do modo de produção capitalista.

Com o intuito de combater à mercantilização da saúde em razão desse mercado encontrar-se desprovido de valores éticos e morais, deve-se buscar a efetivação e propagação dos respectivos valores no mercado privado de serviços de assistência médica no Brasil em defesa do direito a vida, e, consequentemente, em defesa e efetivação da dignidade da pessoa humana. Diante de tais fatos, e, em razão da importância da temática ora abordada neste artigo, passemos a analisar a era do triunfalismo do mercado decorrente de uma economia/sociedade de mercado para depois nos pautarmos na mercantilização da saúde nas sociedades capitalistas contemporâneas.

2. A ERA DO TRIUNFALISMO DO MERCADO

Vivemos uma época pródiga em ciência, tecnologia e economia de mercado, imersa exacerbadamente na ideologia do extremo liberalismo econômico propagada pelo sistema de produção capitalista, que desencadeia inúmeras questões e conflitos éticos e sociais, desde o século XVIII com a Revolução Industrial, que ainda se encontram à espera de respostas.

Em nossa sociedade atual praticamente quase tudo pode ser transformado em mercadoria (inclusive o próprio homem), já que a "lógica de mercado", a lógica da compra e venda, não se restringe mais apenas aos bens materiais, ela transcende a eles, fazendo com que a economia de mercado se torne um domínio imperial que governa crescentemente a vida social nas sociedades contemporâneas.

A economia e sociedade de mercado foi objeto de estudo do importante filósofo social e historiador da economia Karl Polanyi, que em sua obra intitulada "A grande transformação: as origens de nossa época" passa a analisar o surgimento dessa sociedade, bem como aponta para as consequências e perigos sociais inerentes a um sistema de mercado auto-regulável.[31]

Dessa forma, o referido filósofo ressalta que o capitalismo liberal foi a resposta inicial da sociedade aos complexos desafios decorrentes da Revolução Industrial, que ocasionou na subordinação do homem as necessidades da máquina. Assim sendo, a economia de mercado emerge no final de século XVIII e início do século XIX, transformando a economia humana, que até então era encarada apenas como um assessório da vida econômica sendo absorvida pelo sistema social, em um sistema autorregulador de mercados.[32]

Imperioso se faz, assim, destacarmos o conceito de economia de mercado indicado por Karl Polanyi em sua obra. O filosofo esclarece que uma economia de mercado é concebida como um particular sistema econômico que é controlado, regulamentado e manipulado apenas por mercados, isto é, a produção, valoração e a distribuição dos bens é apenas confiada a esse sistema econômico auto-regulável. Polanyi reflete, ainda, que uma economia organizada por tal sistema econômico emerge da ideologia de que a sociedade almeja e se comporta de maneira a alcançar o máximo de ganhos monetários possíveis. Em síntese, nos dizeres do referido filósofo

Uma economia, de mercado significa um sistema auto-regulável de mercados, em termos ligeiramente mais técnicos, é uma economia dirigida pelos preços do mercado e nada além dos preços do mercado. Um tal sistema, capaz de organizar a totalidade da vida econômica sem qualquer ajuda ou interferência externa, certamente mereceria ser chamado auto-regulável.

Com o surgimento da economia de mercado, consubstanciada em um mercado auto-regulável, ocorreu uma exponencial transformação na motivação da práxis humana por parte dos membros da sociedade, uma vez que, a motivação do lucro passa a substituir a motivação da própria subsistência. Isso significa que, na economia e sociedade de mercado o lucro passa a desempenhar um relevante papel na economia e vida humana.[33]

Ademais, aliado a essa alarmante transformação na natureza do agir humano, ainda há fato de que, como a produção somente é possível por meio da interação do homem com a natureza, em uma economia de mercado, a própria pessoa humana e o ecossistema serão incorporados nessa órbita, se sujeitando, assim, na própria demanda da oferta e da procura. Isso significa

---

[31] POLANYI, Karl. **A Grande Transformação:** as origens de nossa época. 2ª ed. Rio de Janeiro: Editora Compus, 2012, p.17-18.

[32] POLANYI, Karl. **Nossa obsoleta mentalidade de mercado.** *In:* A subsistência do homem e ensaios correlatos. Rio de Janeiro: Contraponto, 2012, p.209.

[33] POLANYI, Karl. **A Grande Transformação:** as origens de nossa época. 2ª ed. Rio de Janeiro: Editora Compus, 2012, p.60.

que, em uma economia e sociedade de mercado, o próprio homem e a natureza são coisificados pelo processo de produção capitalista, ou seja, passam a ser caracterizados e manuseados como mercadorias e bens produzidos para a compra e venda.[34]

A instrumentalização e coisificação do homem também é analisada pelo filósofo Hans Jonas que ressalta que, nas civilizações capitalistas tecnológicas, o "*homem faber*" transforma a própria pessoa humana em seu objeto, isto é, o próprio homem passa a ser o objeto do seu próprio agir, passa a ser o seu próprio instrumento na busca incansável pela maximização do lucro sustentada pela ideologia do modelo de produção capitalista.

Nessa esteira, Karl Polanyi reflete que, uma economia controlada e dominada por padrões e ideologias do mercado capitalista gera consequências e efeitos perniciosos para toda a organização da sociedade, visto que, nesse sistema econômico a própria sociedade é dirigida e manipulada como um acessório, um fetiche do mercado. Dessa forma, na economia/sociedade de mercado

Em vez de a economia estar embutida nas relações sociais, são as relações sociais que estão embutidas no sistema econômico. A importância vital do fator econômico para a existência da sociedade antecede qualquer outro resultado. Desta vez, o sistema econômico é organizado em instituições separadas, baseado em motivos específicos e concedendo um status especial. A sociedade tem que ser modelada de maneira tal a permitir que o sistema funcione de acordo com as suas próprias leis. Este é o significado da afirmação familiar de que uma economia de mercado só pode funcionar numa sociedade de mercado.[35]

Nota-se, portanto, que o desenvolvimento e consolidação da economia de mercado é realizada à custa da desarticulação social, sobretudo, pela mercantilização do próprio homem e da biosfera, ou seja, pela transformação da própria sociedade em mercadoria no modelo de produção capitalista. Dessa forma, destaca Polanyi que "[...] enquanto a produção, teoricamente, podia ser organizada dessa forma, a ficção da mercadoria menosprezou o fato de que deixar o destino do solo e das pessoas por conta do mercado seria o mesmo que aniquilá-los."[36]

Ao analisar historicamente as motivações e mecanismos das sociedades civilizadas, foi constatado um relevante fato histórico cultural constante que é justamente a não-modificação do homem como ser social. Desta feita, fica evidenciado, por meio da realização de pesquisas históricas e antropológicas,

---

[34] POLANYI, Karl. **A Grande Transformação:** as origens de nossa época. 2ª ed. Rio de Janeiro: Editora Compus, 2012, p.162.
[35] POLANYI, Karl. **A Grande Transformação:** as origens de nossa época. 2ª ed. Rio de Janeiro: Editora Compus, 2012, p.77.
[36] POLANYI, Karl. **A Grande Transformação:** as origens de nossa época. 2ª ed. Rio de Janeiro: Editora Compus, 2012, p.162.

que a economia humana, como regra, está eminentemente submersa em suas relações sociais. Assim sendo, nos dizeres de Polanyi, o homem ao atuar e consolidar a ideologia da economia de mercado

Ele não age desta forma para salvaguardar seu interesse individual na posse de bens materiais, ele age assim para salvaguardar sua situação social, suas exigências sociais, seu patrimônio social. Ele valoriza os bens materiais na medida em que eles servem a seus propósitos. Nem o processo de produção, nem o de distribuição está ligado a interesses econômicos específicos relativos à posse de bens. Cada passo desse processo está atrelado a um certo número de interesses sociais, e são estes que asseguram a necessidade daquele passo. É natural que esses interesses sejam muito diferentes numa pequena comunidade de caçadores ou pescadores e numa ampla sociedade despótica, mas tanto numa como noutra o sistema econômico será dirigido por motivações não-econômicas.[37]

Isso desvela a preocupante inversão de valores éticos e sociais que hoje vigoram em nossa sociedade, isto é, se agimos pautados por motivações não-econômicas, pois nosso real interesse é cumprir com as exigências sociais e manter nosso *status,* prestígio e patrimônio social, devemos nos indagar que tipo de valores estamos cultivando na contemporaneidade e se realmente queremos continuar a viver segundo as diretrizes desse niilismo ético, social e econômico tão presente nas civilizações e sociedades contemporâneas.

Estamos presenciando, na atualidade, uma exponenciação da economia livre de mercado, manifestada no crescente movimento de desregulação dos mercados, com o intuito de se consolidar ainda mais o primado da concorrência, consubstanciada em uma maior e intensa mobilidade do capital produtivo. Em outras palavras, a economia e as sociedades contemporâneas ainda se encontram submissas, na atualidade, aos cânones liberais do mercado auto-regulado, sobretudo, no que se refere aos progressos na ciência e na tecnologia, e, inclusive, aqueles que se referem a área da saúde no Brasil. Frisa-se, assim, que, devido a essa ideologia da economia de mercado capitalista, que consolida um modelo de produção autônomo regido por suas próprias leis, nossos corpos e mente vem sendo adestrados desde a mais tenra idade para o consumo, fazendo com que os "valores" propagados pelo mercado estejam presentes em praticamente todos os aspectos da vida humana. Isso acaba por reformular e estabelecer as relações sociais à imagem do mercado.

Nota-se, assim, que nas sociedades de mercados, ocorre a ascensão da chamada "sociedade de consumo", que eleva o mercado como esfera ou parâmetro de referência da vida, que consolida o consumo como valor máximo a ser perseguido na busca pela "felicidade". Em outras palavras,

---

[37] POLANYI, Karl. **A Grande Transformação:** as origens de nossa época. 2ª ed. Rio de Janeiro: Editora Compus, 2012, p.65.

nesse tipo de sociedade, a vida somente passa a ter significado nas práticas de comprar e consumir. Assim, conforme preconiza Silva e Carvalhaes:

> [...] As práticas de consumo que se enlaçam a vida cotidiana contemporânea estão permeadas pela necessidade por objetos de utilização diária e, principalmente, assumem importância nas relações interpessoais, articulando modos de sentir, pensar, experimentar e aspirar perspectivas de vida.[38]

A chamada "sociedade de consumo" foi objeto de estudos do sociólogo polonês Zygmunt Bauman que a concebe como um tipo de sociedade "[...] que promove, encoraja ou reforça a escolha de um estilo de vida e uma estratégia existencial consumistas, e rejeita todas as opções culturais alternativas."[39]

O referido sociólogo vai destacar que a característica mais proeminente dessa sociedade, ainda que de forma disfarçada e encoberta, é justamente a transformação dos consumidores em mercadorias do modelo de produção capitalista. O que não poderia ser diferente já que a sociedade de consumidores é fruto da sociedade de mercado. Assim, nos dizeres de Bauman

Na sociedade de consumidores, ninguém pode se tornar sujeito sem primeiro virar mercadoria, e ninguém pode manter segura sua subjetividade sem reanimar, ressuscitar e recarregar de maneira perpétua as capacidades esperadas e exigidas de uma mercadoria vendável. A "subjetividade" do "sujeito", e a maior parte daquilo que essa subjetividade possibilita ao sujeito atingir, concentra-se num esforço sem fim para ela própria se tornar, e permanecer, uma mercadoria vendável [...].[40]

Imperioso ressaltar, ainda, que em uma economia/sociedade de mercado em que ocorre a fetichização do próprio homem e de praticamente todos os aspectos da vida humana, a cultura não estaria fora da órbita desse sistema econômico. Dessa forma, nota-se que no modelo exacerbado de produção capitalista, a cultura é absorvida e incorporada pelo mercado e transformada, assim, em mercadoria. Esse fenômeno é denominado por Adorno e Horkheimer de "Indústria Cultural".[41]

---

[38] SILVA, Rafael Bianchi; CARVALHAES, Flavia Fernandes de. **Consumo e felicidade na contemporaneidade.** Disponível em: <http://www.periodicos.uem.br/ojs/index.php/EspacoAcademico/article/view/34331/17 961>. Acesso em: 17 dez. 2016, p.72.

[39] BAUMAN, Zygmunt. **Vida para consumo:** a transformação das pessoas em mercadorias. Rio de Janeiro: Jorge Zahar Editor, 2008, p.71.

[40] BAUMAN, Zygmunt. **Vida para consumo:** a transformação das pessoas em mercadorias. Rio de Janeiro: Jorge Zahar Editor, 2008, p.20.

[41] HORKHEIMER, Marx; ADORNO, Theodor W. **Dialética do Esclarecimento:** fragmentos filosóficos. Rio de Janeiro: Jorge Zahar Editor, 1985, p.113-114.

O fenômeno da "Indústria Cultural" expressa-se no conjunto de práticas voltadas a produção e consumo por meio das quais ocorre a interação das relações sociais que a sociedade possui com a sua própria cultura no sistema de produção capitalista. Em outras palavras, a indústria cultural é concebida como movimento histórico universal em que as sociedades capitalistas transformam a cultura em um bem; uma mercadoria destinada ao consumo. Assim, reflete Adorno e Horkheimer que a "[...] cultura é uma mercadoria paradoxal. É de tal modo sujeita à lei da troca que não é nem mesmo trocável; resolve-se tão cegamente no uso que não é mais possível utilizá-la."[42]

Frisa-se, assim, que em uma sociedade em que o capital passa a se apropriar e manipular a atividade cultural, a cultura passa a ser, eminentemente, dominada, submetida e reduzida ao valor de troca, fazendo com que ocorra a emersão de uma cultura industrial de massas. Esse fenômeno de subsunção de industrialização da cultura acontece, predominantemente, para atender aos interesses do capital que busca de forma constante cristalizar uma cultura que alimente e consolide o modelo de produção exacerbadamente capitalista na sociedade contemporânea.

A comercialização da cultura vai ao encontro dos interesses do capital ao mesmo tempo em que os capitalistas começam a ter interesse em criar uma nova cultura que alimente e consolide o modo de produção capitalista que tem o mercado como valor absoluto. Nessa esteira, Adorno e Horkheimer refletem que

Por enquanto, a técnica da indústria cultural levou apenas à padronização e à produção em série, sacrificando o que fazia a diferença entre a lógica da obra e a do sistema social. Isso, porém, não deve ser atribuído a nenhuma lei evolutiva da técnica enquanto tal, mas à sua função na economia actual.[43]

Nessa esteira, o filósofo Michael Sandel ao refletir sobre as razões pelas quais uma sociedade respaldada por uma economia de mercado deveria propor um debate público para avaliar a imposição de limites morais ao mercado auto-regulável, aponta dois motivos: a desigualdade e a corrupção que decorrem de um mercado desassociado com valores éticos e morais mínimos.[44]

A primeira razão, que caracteriza-se na desigualdade e injustiça decorrentes da economia de mercado, reside no fato de que em uma

---

[42] HORKHEIMER, Marx; ADORNO, Theodor W. **O Iluminismo como mistificação das massas. In:** ADORNO, Theodor W. Indústria Cultural e Sociedade. Seleção de textos Jorge Mattos Brito de Almeida. São Paulo: Paz e Terra, 2002, p.39.
[43] HORKHEIMER, Marx; ADORNO, Theodor W. **Dialética do Esclarecimento:** fragmentos filosóficos. Rio de Janeiro: Jorge Zahar Editor, 1985, p.114.
[44] SANDEL, Michael J. **O que o dinheiro não compra:** os limites morais do mercado. Rio de Janeiro: Civilização Brasileira, 2012, p.14.

sociedade em que tudo é reduzido e caracterizado como mercadoria, o lucro e a moeda passam a configurar *status* e valor supremo, assim, possuir recursos financeiros expressivos é condição *sine qua non* para se assegurar uma vida integra e com qualidade.

Em outros termos, na sociedade de mercado a fluência ou falta de recursos financeiros passa a ser condição para o acesso ou não de condições mínimas para uma vida com dignidade. Assim, Sandel esclarece que na economia/sociedade de mercado "[...] não só se agravou a defasagem entre ricos e pobres como a mercantilização de tudo aguçou a desigualdade e aumentou a importância do dinheiro."[45]

Já a segunda razão apontada pelo referido filósofo diz respeito a corrupção, ou seja, a tendência corrosiva dos mercados. Isso ocorre, pois, em um sistema econômico em que o mercado é auto-regulável, o mesmo pode ser corrompido justamente em sua prática de tratar todos os aspectos da vida humana como mercadoria, e, assim, como instrumentos de lucro e uso. Nessa esteira, nos dizeres de Sandel,

> [...] algumas boas coisas da vida são corrompidas ou degradadas quando transformadas em mercadoria. Desse modo, para decidir em que circunstâncias o mercado faz sentido e quais em que deveria ser mantido a distância, temos de decidir que valor atribuir aos bens em questão – saúde, educação, vida familiar, natureza, arte, deveres cívicos e assim por diante. São questões de ordem moral e política, e não apenas econômicas. Para resolvê-las, precisamos debater, caso a caso, o significado moral desses bens e sua valoração.[46]

Nota-se, portanto, que o discurso mercadológico da sociedade de mercado capitalista acaba por privar a vida pública de valores éticos e morais mínimos para uma solidária e digna convivência social.

Nesse contexto, precisamos urgentemente despertar do sono narconizante decorrente do individualismo, da unilateralidade e do niilismo ético-moral propagados pela sociedade de consumo e tomar em nossas próprias mãos a defesa da sobrevivência da espécie humana e do futuro do nosso ecossistema, que devem ser, sobretudo, respeitados em sua dignidade e essência.

Necessita-se, assim, realizar uma libertação e emancipação das amarras dessa ideologia incorporada pela sociedade/economia de mercado por meio da formulação de marcos regulatórios e limites éticos-morais ao mercado que possibilitem um efetivo controle social desses mercados e reafirmação dos valores essenciais da vida para a garantia de uma vida com

---

45 SANDEL, Michael J. **O que o dinheiro não compra:** os limites morais do mercado. Rio de Janeiro: Civilização Brasileira, 2012, p.14.
46 SANDEL, Michael J. **O que o dinheiro não compra:** os limites morais do mercado. Rio de Janeiro: Civilização Brasileira, 2012, p.16.

dignidade e qualidade de vida.

À luz de todas as premissas expostas acima, é evidente que o sistema econômico adotado pelas sociedades contemporâneas é concebido como uma verdadeira economia de mercado que, por meio de uma exacerbada liberdade econômica e desregulação dos mercados, possui como principal objetivo proporcionar uma maior e intensa mobilidade do capital produtivo, mesmo em face da fetichização da própria vida humana, da cultura e do ecossistema.

Em uma sociedade de mercado, em que tudo é classificado como mercadoria e, assim, reduzido a um valor de troca, a saúde não estaria fora dessa órbita, sendo utilizada, nas sociedades contemporâneas, como uma ferramenta para o aumento da produtividade e consolidação da ideologia do sistema de produção e mercado capitalista. É justamente esse preocupante panorama que passaremos a abordar seguir.

3. A MERCANTILIZAÇÃO DA SAÚDE NAS SOCIEDADES CAPITALISTAS CONTEMPORÂNEAS

A Constituição Federal de 1988 deu um enfoque especial à questão dos Direitos Fundamentais, trazendo no rol do artigo 6ª os seguintes direitos sociais: "a educação, a saúde, a alimentação, o trabalho, a moradia, o transporte, o lazer, a segurança, a previdência social, a proteção à maternidade e à infância, a assistência aos desamparados".[47]

Nesse sentido, apesar de o Estado gerir a questão do direito fundamental à saúde, os recursos públicos são finitos, por diferentes fatores, a exemplo da má gestão desses recursos, bem como os desvios no âmbito do segmento saúde. Neste caso, com o objetivo de implementar a questão da saúde junto com o setor público, a iniciativa privada adentra neste espaço, por meio de permissão do próprio Estado, com fito de contribuir para o melhor desenvolvimento do sistema de acesso à saúde.

Tal fato, descrito acima, não advém inusitadamente, mas, surge com o passar do tempo, em que começa a ser questionada a qualidade do serviço de saúde disponibilizada ao cidadão. As políticas de saúde, desenvolvidas no Brasil, contribuiram e/ou favoreceram para a descentralização da saúde, deixando o Estado de ser o único ator a prestar ou oferecer esse serviço, diante da inserção de consultórios médicos particulares, assim como pelo retorno financeiro oferecido pelo Estado, como forma de contraprestação aos serviços prestados pelo setor privado pelas unidades de diagnóstico e de

---

[47] BRASIL. **Constituição Federal (1988) Vade Mecum**. Saraiva Compacto. 15. ed. São Paulo: Saraiva, 2016, p.9-10.

tratamento específicos de saúde.[48]

Nota-se que, a privatização das questões atinente à saúde foi crescendo na mesma medida em que foi sendo desenvolvido o processo democrático brasileiro, tendo como marco a década de 1980 e a promulgação da Constituição Federal de 1988, pois foi a partir deste momento de transição, que foi sendo mais visível essa compatibilização entre o setor público e o setor privado, na área da saúde. Logo: "A descentralização do sistema de saúde esteve vinculada a um processo mais amplo de transição política e de reconfiguração da Federação Brasileira, iniciado pelos movimentos democráticos da década de 1980."[49]

Esse sistema dual reflete a realidade atual que se observa no Brasil, ou seja, no segmento saúde, existe o SUS com suas especificidades, em pleno funcionamento, bem como as empresas privadas, que desenvolvem as suas atividades, através de uma contraprestação financeira pelos serviços oferecidos. Dessa forma, a Constituição Federal de 1988 em seu artigo 197, demonstra a responsabilidade do Estado nas questões de saúde, ao esclarecer que:

> Art. 197. São de relevância pública as ações e serviços de saúde, cabendo ao Poder Público dispor, nos termos da lei, sobre sua regulamentação, fiscalização e controle, devendo sua execução ser feita diretamente ou através de terceiros e, também, por pessoa física ou jurídica de direito privado.[50]

Assim sendo, conforme Ana Carolina Maia, Mônica Viegas Andrade e Ana Maria Hermeto Camilo de Oliveira: "O sistema de saúde brasileiro pode ser caracterizado como um sistema de saúde misto, onde os setores público e privado atuam no provimento e no financiamento dos bens e serviços de saúde".[51]

Entretanto, alguns embates surgem devido a mercantilização saúde,

---

[48] PAIM, Jairnilson, TRAVASSOS, Claudia, ALMEIDA, Celia, BAHIA, Ligia, MACINKO, James. **O sistema de saúde brasileiro: história, avanços e desafios.** Saúde no Brasil 1. Disponível em:<http://www.cpgss.pucgoias.edu.br/ArquivosUpload/31/file/O%20SISTEMA%20DE%20SAUDE%20BRASILEIRO.pdf>. Acesso em: 08 set. 2016, p.19.

[49] PAIM, Jairnilson, TRAVASSOS, Claudia, ALMEIDA, Celia, BAHIA, Ligia, MACINKO, James. **O sistema de saúde brasileiro: história, avanços e desafios.** Saúde no Brasil 1. Disponível em:<http://www.cpgss.pucgoias.edu.br/ArquivosUpload/31/file/O%20SISTEMA%20DE%20SAUDE%20BRASILEIRO.pdf>. Acesso em: 08 set. 2016, p.19.

[50] BRASIL. **Constituição Federal (1988) Vade Mecum.** Saraiva Compacto. 15. ed. São Paulo: Saraiva, 2016, p.65.

[51] MAIA, Ana Carolina; ANDRADE, Mônica Viegas; OLIVEIRA, Ana Maria Hermeto Camilo de. **O risco moral no sistema de saúde suplementar brasileiro.** Disponível em: <https://core.ac.uk/download/pdf/6357877.pdf>. Acesso em: 25 set. 2016, p.3.

como por exemplo, com a atuação dos planos privados de saúde, sendo que um dos mais marcantes funda-se na questão da exigência do período de filiação do segurado junto ao plano para que lhe seja permitido à realização de alguns procedimentos. A este fato denomina-se período de carência. Logo, segundo Roberto Augusto Castellanos Pfeiffer: "As carências são cláusulas que operam uma limitação na eficácia do contrato: para determinadas doenças ou espécie de tratamentos".[52]

Tal período de carência acarreta por consequência um limite ao contrato, e por isso, demonstra como as empresas procuram se resguardar para não arcarem com os custos de determinados procedimentos, e assim reduzirem sua margem de lucro, sem que seja estabelecido um prazo mínimo para a sua realização, o que configura um evidente aviltamento a integridade e dignidade da pessoa humana.

Neste aspecto, segundo o Pfeiffer, em análise ao art. 12, V da Lei 9656/98, são permitidos e reconhecidos os seguintes prazos: "[...] a) prazo máximo de trezentos dias para partos a termo; b) prazo máximo de cento e oitenta dias para os demais casos; c) prazo máximo de vinte e quatro horas para a cobertura dos casos de urgência e emergência".[53]

Nesse sentido, como forma de regular a situação, o artigo 12 da Lei 9656/98, acaba por limitar o prazo máximo do período de carência, sendo qualquer prazo superior ao estabelecido, considerado nulo, o que de certo modo, preserva o interesse do consumidor e, também, não impede o ajuizamento de uma demanda, diante de um caso concreto. Ocorre que, as determinações contratuais, quando estipula um prazo imoderado para cobertura, devem ser consideradas como "nula de pleno direito, aplicando-se as normas do inciso IV e § 12, I, II e III do art. 51 do CDC."[54]

Sobrevém que, muito embora esteja devidamente estabelecido o direito à saúde, esse ainda se coloca como um desafio a ser alcançado pelo Estado brasileiro, visto que, se a Constituição é datada de 1988, ainda temos caminhado no sentido de trazer à tona, a importância estabelecida para esses direitos, compreendidos como direitos fundamentais.

Nessa esteira, é relevante ressaltar que "[...] a Lei n.º 9.656/98 foi

---

[52] PFEIFFER, Roberto Augusto Castellanos. **Regulamentação dos planos de saúde e a proteção do consumidor.** Revista de Direito Sanitário, vol. 2. n, 2, 2001.Disponível em: <http://www.revistas.usp.br/rdisan/article/view/83466/86426>. Acesso em: 08 set.2016, p.51.

[53] PFEIFFER, Roberto Augusto Castellanos. **Regulamentação dos planos de saúde e a proteção do consumidor.** Revista de Direito Sanitário, vol. 2. n, 2, 2001.Disponível em: <http://www.revistas.usp.br/rdisan/article/view/83466/86426>. Acesso em: 08 set.2016, p.51.

[54] PFEIFFER, Roberto Augusto Castellanos. **Regulamentação dos planos de saúde e a proteção do consumidor.** Revista de Direito Sanitário, vol. 2. n, 2, 2001.Disponível em: <http://www.revistas.usp.br/rdisan/article/view/83466/86426>. Acesso em: 08 set.2016, p.52.

aprovada pelo Congresso incorporando a ampliação da cobertura dos contratos de prestação de assistência médica e hospitalar, bem como os aspectos de regulamentação da situação econômicofinanceira das empresas de planos e seguros de saúde". Importa mencionar, ainda, que antes do surgimento da legislação em análise, as empresas de planos de saúde, a seu talante, praticavam as seguintes condutas: "exclusões de cobertura e negação do acesso à serviços médico-hospitalares. As operadoras tendiam a excluir de seus contratos as doenças crônicas e degenerativas, doenças infecciosas, doenças preexistentes, doenças mentais, tratamentos de alto custo". Adicionando a essa questão, ainda estabeleciam "limitações para utilização de procedimentos e dias de internação, e de idade para acesso e permanência no plano".[55]

Tendo por base a aprovação da referida lei, denota-se que, fazia-se necessário a regulação por parte do Estado, de modo que o consumidor, parte vulnerável nessa relação, não permanecesse sendo prejudicado nesse embate com as empresas de planos privados de saúde.

Ocorre que, apesar de toda a regulamentação, as operadoras de planos privados de saúde vêm cometendo abusos para com os seus assegurados, fazendo com que os mesmos tenham que postular em juízo ações judiciais para assegurar seus direitos, que são totalmente desrespeitados pelas respectivas operadoras. Acontece que, as empresas privadas de plano de saúde, visando maximinizar seus respectivos rendimentos e lucros acabam por popositalmente interpretar de forma errônea os contratos de maneira a desfavorecer os usuários dos referidos planos.

Neste ínterim, fica nítido a má prestação de serviço por parte das operadoras privadas que constantemente insistem em lesionar seus usuários, desrespeitando assim, a proteção ao direito a vida e à saúde do consumidor, o que acaba por caracterizar um alarmente aviltamento a integridade e dignidade dos respectivos consumidores.

Com isso, percebe-se que há uma intensa competividade de mercado nos respectivos planos privados de saúde. Assim sendo, é extremamente oportuno mencionar que o autor Michael Sandel em seu livro intitulado "O que o dinheiro não compra" retrata os problemas existentes em razão da mercantilização de tudo e de todos, posto que a todo momento vivemos influenciados e incentivados pelo consumo, numa sociedade altamente imersa em uma economia de mercado propagada por um modelo de

---

[55] GAMA, Anete Maria; REIS, Carlos Otávio Ocke; SANTOS, Isabela Soares; BAHIA, Ligia. **O espaço da regulamentação dos planos e seguros de saúde no brasil:** notas sobre a ação de instituições governamentais e da sociedade civil. Disponível em: <http://www.ans.gov.br/images/stories/Materiais_para_pesquisa/Materiais_por_assunto/Artigo_O_espaco_da_regulamentacao_dos_planos_e_seguros_de_saude_no_Brasil.pdf >. Acesso em: 20 dez. 2016, p.6.

produção exacerbadamente capitalista.[56]

Dessa forma, vivenciamos atualmente um verdadeiro avanço na lógica e ideologia da economia de mercado, posto que em outras épocas nem todos os bens eram postos como objeto e mercadoria a disposição do mercado, entretanto, nas sociedades contemporâneas diversos direitos sociais, como a educação e a saúde, passam a ser caracterizados e tratados como um fetiche do modo de produção capitalista.

Logo, Sandel afirma que: existem "dois tipos de argumentos reverberam nos debates a respeito do que o dinheiro deve ou não comprar". Destarte, a relação do mercado pode ainda contribuir para a fragmentação das relações sociais, tendo em vista a forma como os bens passam a se tornar interesse desse "comércio".[57]

Dessa forma, o pensamento do respectivo autor se revela crucial para essa pesquisa, por trazer à tona uma reflexão de como alguns bens e direitos, que na realidade são fundamentais para a vida humana, e, assim, imensuráveis de um valor monetário, se transformam e se caracterizam por meio da ideologia e lógica mercadológica capitalista em verdadeiros instrumentos e fetiches da economia de mercado contemporânea na busca pela concretização dos imperativos da maximização da produtividade e do lucro.

O referido autor, ainda, levanta um relevante questionamento sobre essa questão ao realizar a seguinte indagação: "De que maneira os valores de mercado corrompem, dissolvem ou deslocam as normas alheias a ele?". Para responder tal questionamento o autor traz o Princípio da Mercantilização de um bem, demonstrando que: "A lógica econômica habitual parte do princípio da mercantilização de um bem – botá-lo à venda – não altera seu caráter. As trocas de mercado aumentam a eficiência econômica sem modificar os bens em si mesmos".[58]

Neste entendimento, percebemos que essas "trocas de mercado" contribuem para todos os envolvidos "sem prejudicar nenhuma delas – se partimos do princípio de que as relações de mercado e as atitudes que fomentam não diminuem o valor dos bens trocados."[59]

Podemos perceber que o Estado, a sociedade e o mercado estão diretamente ligados a política de saúde. Inobstante todo o sistema, mais uma vez, é imprescindível que o Estado e, também, a sociedade, estejam atentos

---

[56] SANDEL, Michael J. **O que o dinheiro não compra:** os limites morais do mercado. 1 ed. Rio de Janeiro: Civilização Brasileira, 2012.

[57] SANDEL, Michael J. **O que o dinheiro não compra:** os limites morais do mercado. 1 ed. Rio de Janeiro: Civilização Brasileira, 2012, p.109-110.

[58] SANDEL, Michael J. **O que o dinheiro não compra:** os limites morais do mercado. 1 ed. Rio de Janeiro: Civilização Brasileira, 2012, p.112.

[59] SANDEL, Michael J. **O que o dinheiro não compra:** os limites morais do mercado. 1 ed. Rio de Janeiro: Civilização Brasileira, 2012, p.112-113.

a todas as decisões e a interferências no segmento saúde, tal como Mário Scheffer adverte que, "o Controle Social precisa se ocupar também em combater a total inversão de valores: os recursos públicos, hoje, são majoritariamente repassados para o setor privado".[60]

Com tais evidências, apesar de utilizarem a "roupagem" de empresas prestadoras de saúde, buscam na sua individualidade, atender os interesses adstritos a questão econômica e, neste aspecto, de modo clarividente quem perde é a população, pois sai prejudicada quanto a melhores condições de acesso à saúde.

Em consideração a esse pensamento anterior, vale destacar que, se não existe uma fiscalização por meio da sociedade, quem ganha com essa omissão são as próprias empresas privadas, sem que seja estabelecido um limite para a sua atuação.

Assim sendo, Maria Valéria Costa Correa[61] afirma que:

> A participação social na área da saúde foi concebida na perspectiva do controle social no sentido de os setores organizados na sociedade civil participarem desde as suas formulações - planos, programas e projetos – , acompanhamento de suas execuções, até a definição da alocação de recursos para que estas atendam aos interesses da coletividade. Foi institucionalizada na Lei 8.142/90, através das Conferências que têm como objetivo avaliar e propor diretrizes para a política de saúde nas três esferas de governo, e através dos Conselhos, que são instâncias colegiadas de caráter permanente e deliberativo, com composição paritária entre os representantes dos segmentos dos usuários, que congregam setores organizados na sociedade civil, e os demais segmentos (gestores públicos e privados e trabalhadores da saúde), e que objetivam tal controle.

Pois bem, tal como os autores mencionaram, a participação da população na fiscalização é adequada para o bom funcionamento do sistema de saúde, e, dito dessa forma, pensar em sociedade participativa é buscar alinhar o projeto de cidadania descrito na Constituição, como forma de empoderar a sociedade para que possa gerir as decisões de seu interesse. Levando-se em consideração as transformações ocorridas no último século, resta caracterizado que a sociedade passa a sofrer influência direta dos contornos do mercado, sobretudo no que se refere a produção de diferenças

---

[60] SCHEFFER, Mário. **Os planos de saúde nos tribunais:** uma análise das ações judiciais movidas por clientes de planos de saúde, relacionadas à negação de coberturas. 2006 - unimedfesp.coop.brunimedfesp.coop.br. Disponível em: <http://www.unimedfesp.coop.br/SITES/29/imagens/7EZ32_MarioScheffer.PDF>. Acesso em: 15 out. 2016, p.317.

[61] CORREA, Maria Valéria Costa. **Controle social na saúde.** Disponível em: <http://residenciamultihucff.xpg.uol.com.br/textos/texto12.pdf>. Acesso em: 14 out. 2016, p.15.

no acesso aos bens básicos para a vida humana.[62]

Notadamente a essa "produção de desigualdades", tal como se referiu os autores, o que fica perceptível é o descaso com o ser humano, que diante das forças, na maioria dos casos, invisíveis do mercado, é colocado nesse jogo, sem qualquer possibilidade de romper com as bases da lógica econômica e, neste caso, suas dificuldades, com o passar dos anos, só se acirraram.

De acordo com Paola Zucchi *et al* "O crescimento dos gastos em saúde depende do mercado, ou seja, do encontro entre os que querem adquirir os bens e serviços de saúde e aqueles que os oferecem".[63] Por sua vez, Ana Luiza D'Ávila Viana e Paulo Eduardo M. Elias analisam que, existem, 3 dimensões da saúde quais sejam:

> 1. A saúde como direito - desmercantilização do acesso - sistemas de proteção social. 2. A saúde como bem econômico - mercantilização da oferta - assalariamento dos profissionais, formação de empresas médicas e intermediação financeira (planos). 3. A saúde como espaço de acumulação de capital - formação do complexo industrial da saúde globalização e financeirização da riqueza.[64]

Assim, como podemos perceber há dimensões diferentes da questão da saúde, ou seja, embora estejamos falando de um mesmo bem, existem diferentes nuances para a mesma questão e, neste caso, é evidente que: "o mecanismo do mercado criou a ilusão do determinismo econômico como lei geral para toda a sociedade humana. Numa economia de mercado, é claro, essa lei é válida". Desse modo, nesta economia tal Lei acaba sendo o direcionamento, onde estabelece normas a serem cumpridas por toda uma sociedade.[65]

Portanto, pensar neste aspecto relativo ao mercado da saúde é compreender que existem determinados pontos principais que orientam este segmento, tal como pode ser demonstrado que tal dispêndio de saúde possui 03 sustentações diversas, quais sejam, "medicamentos, honorários de

---

[62] PORTO, Dora; GARRAFA, Volnei. **Bioética de intervenção:** considerações sobre a economia de mercado. Disponível em: <http://revistabioetica.cfm.org.br/index.php/revista_bioetica/article/view/96/91>. Acesso em: 21 dez. 2016, p.111.

[63] ZUCCHI, Paola; NERO, Carlos Del; MALIK, Ana María. **Gastos em saúde:** os fatores que agem na demanda e na oferta dos serviços de saúde. Disponível em: <http://www.revistas.usp.br/sausoc/article/view/7049/8518>. Acesso em: 15 out. 2016, p. 130.

[64] VIANA, Ana Luiza D'Ávila; ELIAS, Paulo Eduardo M. **Saúde e desenvolvimento.** Disponível em:<https://www.researchgate.net/profile/Ana_Viana5/publication/250028153_Saude_e_desenvolvimento/links/02e7e53cd5bc7154f2000000.pdf>. Acesso em: 25 set. 2016, p.1766.

[65] POLANYI, Karl. **Nossa obsoleta mentalidade do mercado (1947)** In: A subsistência do homem e ensaios correlatos. Rio de Janeiro: Contraponto, 2012, p.220.

médicos, dentistas e auxiliares dos serviços médicos e, finalmente, gastos em hospitalização e tratamento". Neste sentido, essas expensas "em hospitalização e tratamento encabeçam as despesas do consumo em saúde."[66] À luz dos argumentos expostos acima, pode-se constatar que o mercado privado de serviços de assistência a saúde, vem sendo consubstanciado e pautado pela economia de mercado capitalista, que acaba por promover um niilismo de valores éticos/e ou morais no âmbito da prestação de serviço de sáude na sociedade contemporânea.

Neste sentido, devemos constituir um mercado estruturado de venda ou aderência à planos privados de saúde, de uma forma mais acessível, proporcionando mais acesso as empresas e aos cidadãos, que não tenham grande poder aquisitivo, e, ainda uma reorganização dos órgãos competente da fiscalização da saúde existentes, tentando com isso afastar as arbitrariedades e abusos cometidos pelos planos privados de saúde, para que possamos diminuir ou acabar com grandes ações levadas ao Poder Judiciário, bem como, estabelecer limites éticos e morais para que possamos combater esse mercado privado de serviços de assistência médica no Brasil consubstanciados e pautados apenas nos imperativos de maximização da produtividade e geração de lucros.

4. CONSIDERAÇÕES FINAIS

Conforme já mencionado no presente artigo, em sociedades regidas pela economia de mercado, que são consubstanciadas pelos imperativos econômicos de um mercado auto-regulável, praticamente todos os aspectos da vida humana, inclusive o próprio homem e sua saúde, são fetichizados em prol da produtividade e aferição de lucro do sistema de produção capitalista. Isso acaba por desencadear uma desvinculação do mercado de valores éticos e morais essenciais a efetivação e proteção da dignidade da pessoa humana. Em outras palavras, em uma sociedade de mercado e de consumo, o mercado desvincula-se da ética e da moral, sendo primordial, para o futuro e integridade da humanidade e meio ambiente que esse vínculo seja restaurado. Necessita-se, assim, realizar uma libertação e emancipação das amarras dessa ideologia incorporada pela sociedade/economia de mercado por meio da formulação de marcos regulatórios e limites éticos-morais ao mercado que possibilitem um efetivo controle social desses mercados e reafirmação dos valores essenciais da vida para a garantia de uma vida com dignidade e qualidade de vida.

---

[66] ZUCCHI, Paola; NERO, Carlos Del; MALIK, Ana María. **Gastos em saúde:** os fatores que agem na demanda e na oferta dos serviços de saúde. Disponível em: <http://www.revistas.usp.br/sausoc/article/view/7049/8518>. Acesso em: 15 out. 2016, p. 131.

Desta feita, a construção e elaboração de uma ética e moral minimalista, por meio da participação ativa de todo o corpo social, não irá caracterizar uma violação a liberdade econômica e nem ao menos desestimular o desenvolvimento do sistema econômico necessário para a evolução das sociedades contemporâneas, pelo contrário, a adoção dos referidos limites apenas irá garantir que o mesmo seja estabelecido e exercido tendo como pilar de sustentação a proteção e promoção da dignidade da pessoa humana para as presentes e futuras gerações.

Ante o esposado, fica evidente que precisamos enfrentar as grandes questões relativas a moralidade do mercado, e, sobretudo assumir uma postura integra frente ao outro e com todas as forma de vida na bioesfera, sendo que, a participação e controle social são primordiais para definição dos rumos éticos e morais que deverão ser estabelecidos e respeitados em todas as sociedades capitalistas contemporâneas.

Nesta esteira, após mencionarmos sobre a sociedade de mercado e de consumo, bem como as grandes questões pertinentes a moralidade do mercado, importante destacar que, no âmbito da assistência médica e de saúde brasileira, o Estado permite que empresas particulares forneçam essa prestação do serviço de sáude, muito embora seja o dever do próprio Estado fornecer e propagar a saúde a todos os cidadãos, o que acarreta por consequência em uma mercantilização da saúde.

Assim, a saúde, enquanto direito fundamental, têm suscitado diferentes inquietações que buscam compreender o seu desenvolvimento ao longo dos séculos. O direito à saúde vem sendo conquistado, sobretudo no caso brasileiro, cercado de grandes entraves, para que, atualmente, o mesmo pudesse estar resguardado na Constituição Federal de 1988, especificadamente, em seu artigo 6º.

Ao lado de outros direitos fundamentais, tais como o direito a educação e moradia, as políticas públicas que buscam contribuir para efetividade do direito à saúde, têm se mostrado como imprescindíveis, diante dos obstáculos para que a população encontre o pleno acesso a esse bem.

Desta forma, conclui-se pela possibilidade de estabelecer um mercado organizado de venda ou aderência à planos privados de saúde, de modo mais acessível, possibilitando mais acesso as empresas e aos cidadãos, que não possuam condições financeiras suficientes, bem como a reestruturação dos órgãos competente da fiscalização da saúde existentes, buscando afastar as arbitrariedades e abusos cometidos pelos planos, para com isso se evitar as inúmeras demandas judiciais, bem como, estabelecer limites éticos e morais para que possamos combater essa mercantilização da sáude.

REFERÊNCIAS

BAUMAN, Zygmunt. **Vida para consumo:** a transformação das pessoas em mercadorias. Rio de Janeiro: Jorge Zahar Editor, 2008.

BRASIL. Constituição Federal (1988) Vade Mecum. Saraiva Compacto. 15. ed. São Paulo: Saraiva, 2016.

CORREA, Maria Valéria Costa. **Controle social na saúde.** Disponível em: <http://residenciamultihucff.xpg.uol.com.br/textos/texto12.pdf>. Acesso em: 14 out. 2016.

GAMA, Anete Maria; REIS, Carlos Otávio Ocke; SANTOS, Isabela Soares; BAHIA, Ligia. **O espaço da regulamentação dos planos e seguros de saúde no brasil:** notas sobre a ação de instituições governamentais e da sociedade civil. Disponível em: < http://www.ans.gov.br/images/stories/Materiais_para_pesquisa/Materiais _por_assunto/Artigo_O_espaco_da_regulamentacao_dos_planos_e_segur os_de_saude_no_Brasil.pdf>. Acesso em: 20 dez. 2016.

HORKHEIMER, Marx; ADORNO, Theodor W. **Dialética do Esclarecimento:** fragmentos filosóficos. Rio de Janeiro: Jorge Zahar Editor, 1985.

MAIA, Ana Carolina; ANDRADE, Mônica Viegas; OLIVEIRA, Ana Maria Hermeto Camilo de. **O risco moral no sistema de saúde suplementar brasileiro.** Disponível em: <https://core.ac.uk/download/ pdf/6357877.pdf>. Acesso em: 25 set. 2016.

PAIM, Jairnilson, TRAVASSOS, Claudia, ALMEIDA, Celia, BAHIA, Ligia, MACINKO, James. **O sistema de saúde brasileiro: história, avanços e desafios.** Saúde no Brasil 1. Disponível em: <http://www.cpgss.pucgoias.edu.br/ArquivosUpload/31/file/O%20SIST EMA%20DE%20SAUDE%20BRASILEIRO.pdf>. Acesso em: 08 set. 2016.

PFEIFFER, Roberto Augusto Castellanos. **Regulamentação dos planos de saúde e a proteção do consumidor.** Revista de Direito Sanitário, vol. 2. n, 2, 2001.Disponível em: <http://www.revistas.usp.br/rdisan/ article/view/83466/86426>. Acesso em: 08.set.2016.

POLANYI, Karl. **A Grande Transformação:** as origens de nossa época. 2ª ed. Rio de Janeiro: Editora Compus, 2012.

POLANYI, Karl. **Nossa obsoleta mentalidade do mercado (1947)** In: A subsistência do homem e ensaios correlatos. Rio de Janeiro: Contraponto, 2012.

PORTO, Dora; GARRAFA, Volnei. **Bioética de intervenção:** considerações sobre a economia de mercado. Disponível em: <http://revistabioetica.cfm.org.br/index.php/revista_bioetica/article/view/96/91>. Acesso em: 21 dez. 2016.

SANDEL, Michael J. **O que o dinheiro não compra:** os limites morais do mercado. 1 ed. Rio de Janeiro: Civilização Brasileira, 2012.

SCHEFFER, Mário. **Os planos de saúde nos tribunais:** uma análise das ações judiciais movidas por clientes de planos de saúde, relacionadas à negação de coberturas. 2006. Disponível em: <http://www.unimedfesp.coop.br/SITES/29/imagens/7EZ32_MarioScheffer.PDF>. Acesso em: 15 out. 2016.

SILVA, Rafael Bianchi; CARVALHAES, Flavia Fernandes de. **Consumo e felicidade na contemporaneidade.** Disponível em: <http://www.periodicos.uem.br/ojs/index.php/EspacoAcademico/article/view/34331/17961>. Acesso em: 17 dez. 2016.

VIANA, Ana Luiza D'Ávila; ELIAS, Paulo Eduardo M. **Saúde e desenvolvimento.** Disponível em: <https://www.researchgate.net/profile/Ana_Viana5/publication/250028153_Saude_e_desenvolvimento/links/02e7e53cd5bc7154f2000000.pdf>. Acesso em: 25 set. 2016.

ZUCCHI, Paola; NERO, Carlos Del; MALIK, Ana María. **Gastos em saúde:** os fatores que agem na demanda e na oferta dos serviços de saúde. Disponível em: <http://www.revistas.usp.br/sausoc/article/view/7049/8518>. Acesso em: 15 out. 2016.

3

ENTRE O ESTADO DE BEM-ESTAR SOCIAL E O ESTADO MÍNIMO: UMA PROPOSTA DE APROXIMAÇÃO DAS TEORIAS DA JUSTIÇA DE JOHN RAWLS E ROBERT NOZICK

Aloyr Dias Lacerda

RESUMO: O presente artigo busca analisar as teorias da justiça de John Rawls e Robert Nozick, com base nos modelos de Estado de Bem-Estar Social e do Estado Mínimo. Apesar de aparentemente antagônicas, propõe-se a aproximação das referidas teorias a partir do Princípio de Diferença de Rawls e do Princípio de Retificação de Nozick. Tal reflexão é importante para a construção de sistemas de organização social que respeitem a propriedade adquirida de forma justa, mas que igualmente não olvidem a pacificação e o equilíbrio social por meio de políticas públicas que contribuam para a melhoria das condições de vida das camadas mais desfavorecidas.

1. INTRODUÇÃO

O homem é um ser gregário e sua própria constituição física, se comparada com a de outros seres, indica a necessidade da proteção e auxílio. O instinto dos animais é suficiente para sua sobrevivência desde o nascimento. Para o homem, o mesmo não ocorre.

Da necessidade do outro para sobreviver surgem os primeiros grupamentos humanos, que com o tempo se unem, formando tribos, cidades, nações.

Discute-se o que motivou a saída do homem do estado inicial de natureza, e como isso teria ocorrido, preponderando as explicações de cunho contratualista. No entanto, é possível intuir que nunca houve um estado de natureza. O homem sempre existiu dentro de um contexto social, com suas regras de conduta e cultura, por mais simples que fossem.

Nem por isso a vida era fácil no início das sociedades humanas. De fato, Hobbes tinha razão ao colocar o medo como o fundamento da associação dos indivíduos em troca de proteção, mesmo que para isso fosse necessário abrir mão de certas liberdades. Surgiu, então, o grande Leviatã, esse ser mitológico que se colocava acima dos homens para ditar as regras de convivência.

Com a modernidade, iniciou-se um longo processo de questionamento dos fundamentos e limites do poder, e do papel que deveria ser exercido pelo Estado na regulação da vida das pessoas. As revoluções liberais dos séculos XVIII e XIX forçaram os detentores do poder a abandoná-lo ou adequá-lo a um novo contexto econômico e social de prevalência dos interesses de uma emergente burguesia. Caminhou-se, portanto, do Estado Absoluto, *detentor* da vida, liberdade e propriedade dos cidadãos, para o Estado Liberal, *protetor* da vida, liberdade e propriedade.

Assim, o Estado Liberal, ao contrário do Absoluto, deveria intervir o mínimo possível na esfera de liberdade dos cidadãos, apenas para garantir o respeito aos seus direitos naturais inalienáveis. Do mesmo modo, no campo econômico impunha-se uma dissociação entre Estado e economia, que deveria ser estimulada e regulada apenas pelo próprio mercado e suas regras, conforme defendia Adam Smith em sua *A Riqueza das Nações*.

O "Liberalismo Absoluto", no entanto, também trouxe seus problemas, estimulando uma concorrência comercial sem limites entre as potências e aumentando as desigualdades econômicas e sociais. Fatores internos e externos, portanto, colocaram as nações em um caldeirão que poderia explodir a qualquer momento, como de fato ocorreu, com duas guerras mundiais, revoltas internas de trabalhadores e das classes sociais menos favorecidas e uma grave crise econômica.

No pós-guerra, como resposta a tais problemas, passou-se a pregar uma maior intervenção do Estado em setores como emprego, saúde e educação. Surge então, o chamado Estado de Bem-Estar Social (*Welfare State*), que após algumas décadas também enfrentou os seus próprios dramas, incentivando a reativação da doutrina liberal por meio dos teóricos denominados "neoliberais".

As teorias da justiça de John Rawls e Robert Nozick se inserem nessa discussão teórica, o primeiro defendendo uma maior intervenção do Estado na distribuição dos bens sociais, com a oposição do segundo, rigoroso adepto da política do Estado Mínimo.

É possível, no entanto, encontrar um ponto de contato fundamental nas bases das duas teorias, consistentes no Princípio de Diferença defendido por Rawls e no Princípio de Retificação proposto por Nozick.

O objetivo do presente artigo será, tomando como base o método dialético, discutir os dois principais modelos ideais de Estado no contexto da filosofia política contemporânea, a partir das teorias da justiça de John Rawls e Robert Nozick, bem como tentar uma aproximação de duas propostas aparentemente tão antagônicas.

2. O ESTADO DE BEM-ESTAR SOCIAL

2.1 A implantação do modelo de justiça social no pós-guerra

O modelo de Estado Liberal do século XIX pretendia a mínima intervenção estatal nas atividades econômicas e sociais. Caberia a ele, de forma geral, apenas garantir a segurança, a propriedade e o cumprimento dos contratos, de modo que a distribuição da riqueza deveria ocorrer de forma livre, no ambiente de mercado.

A ausência de parâmetros e limites nas relações econômicas e comerciais, contudo, acirrou a disputa entre as nações e acarretou o crescimento de conflitos sociais no âmbito interno, em virtude da exploração exacerbada das massas de trabalhadores. Esse contexto socioeconômico também foi propício ao surgimento de doutrinas políticas radicais, com orientação fascista ou comunista.

O mundo estava de fato em ebulição no início do Século XX. As crises econômicas (*crash* de 1929) e as duas guerras mundiais demonstraram que o capitalismo livre de qualquer controle estatal gerava profundas desigualdades sociais, que por sua vez redundavam em sérios conflitos na sociedade, a ponto de ameaçar a estabilidade política.

Como resposta a esse estado de coisas, os governos passaram a adotar uma agenda de maior intervenção na economia, com o estabelecimento de regras para o desenvolvimento da atividade produtiva e o reconhecimento de direitos de cunho social e trabalhista. Assim, diminuíram as tensões relacionadas aos conflitos sociais, que contariam com um ambiente institucionalizado para sua discussão e resolução.

Esse novo modelo de organização do Estado, conhecido *Welfare State*, pretendia minimizar os efeitos de um capitalismo desenfreado e estabelecer padrões mínimos de justiça social, representando um esforço de reconstrução econômica, moral e política do mundo industrial desenvolvido e um anteparo à implantação de propostas comunistas. Economicamente significou a diminuição do caráter absoluto das regras impostas pelo mercado. Moralmente, trouxe à luz padrões de justiça social baseados na solidariedade e universalismo. E politicamente, constituiu-se em uma reação ao crescimento das ditaduras fascista e bolchevista[67].

O modelo do Estado de Bem-Estar Social expandiu-se durante os anos do pós-guerra, mas entrou em crise na década de 1970. Existe um consenso (relativo) que tal crise foi gerada pelo descompasso entre o crescimento da população e dos direitos sociais que lhes haviam sido assegurados, e um arrefecimento no crescimento das economias capitalistas, que passaram a não mais conseguir arcar com todos os custos de manutenção desse modelo, responsável por uma séria crise fiscal. Soma-se a isso que a intensificação da competição no comércio internacional levou os empresários capitalistas a buscarem uma cada vez maior da contenção de custos na produção, pressionando os governos a diminuírem os seus encargos trabalhistas.

É interessante observar como o modelo inglês é paradigmático para a análise da evolução histórica descrita. Foi ali que se iniciou a Revolução Industrial e onde foram ferozmente defendidos os valores do livre comércio e do liberalismo no século XIX. A ausência de limites a tal sistema, conforme já ressaltado, acarretou graves crises sociais, políticas e econômicas nas primeiras décadas do século XX, com a eclosão inclusive de duas guerras mundiais.

Diante de tal quadro, novamente os ingleses assumiram o protagonismo com a aprovação, a partir do ano de 1942, de uma série de providências em áreas sociais, ampliando a prestação de serviços públicos, sendo considerados atos pioneiros na implantação do Estado de Bem-Estar Social (*Beveridge Report*, ou *Social Insurance and Allied Services* [1942], *Education Act* [1944],

---

67 NOGUEIRA, Vera Maria Ribeiro. **Estado de Bem-Estar Social: origens e desenvolvimento.** Revista Katálysis. Universidade Federal de Santa Catarina. Florianópolis: n. 5, jul/dez, 2001, p. 99. Disponível em: https://periodicos.ufsc.br/index.php/katalysis/article/viewFile/5738/5260). Acesso em 18/01/2018.

National Health Service Act [1948], *National Assistance Act* [1948], dentre outros), exemplo que foi seguido por diversos países.

De igual forma, na década de 1970, ao soçobrar do referido modelo, foi eleita na Grã-Bretanha a Primeira Ministra Margareth Thatcher, conhecida como "Dama de Ferro", que liderou o desmonte do Estado de Bem-Estar Social com uma política de privatização das empresas públicas e diminuição das políticas públicas e da intervenção do Estado na economia, visando o fortalecimento do livre-comércio e da livre-iniciativa privada.

Surge, então, uma corrente de pensamento denominada "neoliberalismo", que busca resgatar os valores do liberalismo clássico, e defende o respeito às liberdades do indivíduo e à sua propriedade, o incentivo ao livre-mercado, e a implantação de um Estado Mínimo, cuja função seria adstrita à garantia da segurança, do respeito ao cumprimento dos contratos e da adoção de uma política de regulação do mercado apenas nos limites estritamente necessários ao seu adequado funcionamento.

2.2 A crítica neoliberal e a proposta do estado de bem-estar social ativo

Um dos grandes expoentes teóricos do neoliberalismo foi Friedrich Hayek, para quem a distribuição dos bens não deve ser regulada pelo Estado, mas coordenada pela "mão invisível" do mercado. O que realmente importa, ao final, não é o mérito ou a posição social, mas o valor dos serviços prestados pelo indivíduo, assim reconhecido por seus pares, e será isso que definirá como será distribuída a riqueza na sociedade.

Modificar artificialmente a distribuição da riqueza por critérios de "justiça social" atentaria contra a liberdade dos indivíduos, na medida em que uns teriam que suportar um maior encargo em benefício de outros, sendo utilizados como "meios" para o atingimento dos "fins" de outros, ou do Estado, e não dos seus próprios "fins". Assim:

Aquilo com que nos defrontamos no caso da 'justiça social' é simplesmente uma superstição quase religiosa, do gênero que deveríamos respeitosamente deixar em paz na medida em que traz felicidade aos que nela crêem, mas que temos obrigação de combater quando se torna pretexto para a coerção de outros homens. E a crença reinante na 'justiça social' é provavelmente, em nossos dias, a mais grave ameaça à maioria dos valores de uma civilização livre[68].

---

[68] HAYEK, Friedrich. **Direito, legislação e liberdade**. Vol. 2. Tradução Henry Maksoud. São Paulo: Editora Visão, 1985, p. 85.

Teóricos e economistas neoliberais sustentam que o Estado não deve possuir um papel de protagonista na condução da vida social. Ao contrário, quanto menor sua intervenção, mais rápido e eficaz será o equilíbrio das relações sócio-econômicas, garantido pelo ambiente de mercado. Advogam, ainda – especialmente após períodos de crises econômicas – que os benefícios garantidos pela seguridade social colocam as pessoas em um estado de letargia e dependência das benesses estatais.

Diante das severas críticas ao Estado Social meramente provedor, que apenas promovia a redistribuição de recursos (geralmente para as camadas sociais mais desfavorecidas), mas sem beneficiar de fato o desenvolvimento da potencialidade dos cidadãos, surgiu na Europa uma corrente ideológica que propunha uma resposta e um direcionamento acerca do novo papel a ser exercido pelo Estado. Ao contrário da proposta neoliberal, apresentou-se uma visão renovada do Estado de Bem-Estar Social, que deveria possuir doravante um cunho "ativo".

Essa proposta teórica encontra embasamento nas obras de economistas como Giddens, Esping-Andersen e Rosanvallon, para quem os cidadãos não deveriam apenas ser destinatários passivos de benefícios estatais, mas preparados e encorajados a retornarem ao mercado de trabalho, para contribuírem com o pleno desenvolvimento de seu país. Jef Van Langendonck nos resume os antecedentes históricos do Estado de Bem-Estar Social ativo:

Na origem dessa corrente de pensamento, encontra-se a 'política de mercado do trabalho ativo', praticada por alguns países escandinavos (Suécia, Dinamarca), a partir do final da década de 1960. Considerando que a melhor seguridade social para as pessoas seria um bom trabalho, esses países gastaram muito mais do que outros em políticas de promoção do emprego: mediação, treinamento, reabilitação e medidas ativas para a integração das categorias mais fracas ao mercado de trabalho. Eles eram orgulhosos de gastar mais nessas medidas 'ativas' do que em benefícios 'passivos' para os desempregados. E pareceu funcionar. Esses países possuíam entre os maiores níveis de despesa em seguridade social do mundo, mas menos desemprego que a maioria dos outros países da Europa Ocidental. (Tradução livre)[69]

---

[69] No original: *"At the origin of this current of thought one finds the 'active labor Market policy', practiced by some Scandinavian countries (Sweden, Denmark) from the late 1960's. Considering that the best social security for the people was a good job, these countries spent much more than other countries on policies to promote employment: mediation, training, rehabilitation and active mesures for the integration of weaker categories into the labor market. They were proud to spend more on these 'active' measures than on 'passive' benefits for the unemployed. And it appeared to work. These countries had among the highest levels of expenditure on social security in the world, but less unemployment than most other Western European countries"* (LANGENDONCK, Jef Van. **The active Welfare State**. Revista Direitos Fundamentais & Justiça. Pontifícia Universidade Católica do Rio Grande do Sul (PUCRS). Porto Alegre: HS Editora, Ano 2, nº 4, Jul./Set. 2008, p. 17).

Buscava-se, portanto, auxiliar os indivíduos em pior posição (geralmente os desempregados), a aumentar sua capacidade produtiva, visando a reinserção no mercado de trabalho. Embora não estivesse vedada a redistribuição passiva de recursos, o foco deveria ser a potencialização da justa igualdade de oportunidades. Veremos a seguir que John Rawls, um dos grandes teóricos da justiça social, também propõe em sua obra a prioridade de se garantir a igualdade de oportunidades dos cidadãos, antes da adoção de políticas redistributivas.

No entanto, a proposta do Estado de Bem-Estar Social Ativo não responde à principal crítica neoliberal desse modelo, que se refere à intervenção estatal na economia e na esfera de liberdade dos cidadãos. Para muitos teóricos dessa corrente de pensamento, nem mesmo para garantir igualdade de oportunidades deveria o Estado intervir[70], pois isso geraria um desequilíbrio nas relações privadas, que deveriam se pautar pela liberdade de ação no ambiente do mercado.

2.3 A encruzilhada histórica: qual o melhor caminho a seguir?

No contexto histórico descrito (liberalismo – bem-estar social – proposta de retorno ao liberalismo [neoliberalismo]), vivemos a última fase, em que

---

[70] Dentre eles, é possível citar Hayek, que se posiciona de maneira contrária à intervenção estatal até mesmo para a garantia de igualdade de oportunidades, embora tal reinvindicação seja apoiada por alguns autores liberais e defensores do livre mercado: "A reivindicação de igualdade de oportunidade, ou de iguais condições iniciais (*Startgerechtigkeit*), atrai muitos que, em geral, são favoráveis ao sistema de livre mercado, tendo sido por eles apoiada. Na medida em que se refere às facilidades e oportunidades que são necessariamente influenciadas por decisões governamentais (como nomeações para cargos públicos e coisas semelhantes), essa reivindicação foi, na verdade, um dos pontos centrais do liberalismo clássico, geralmente expresso pela frase francesa *'la carrière ouverte aux talents'*. Muito pode ser dito também em favor do fornecimento pelo governo, em bases iguais, de recursos para a educação dos menores, que não são ainda cidadãos plenamente responsáveis, embora haja sérias dúvidas sobre se devemos permitir que o próprio governo os administre. Mas isso estaria ainda muito longe da criação de real igualdade de oportunidade, mesmo para pessoas dotadas das mesmas habilidades. Para tanto, o governo teria de controlar todo o ambiente físico e humano da sociedade e esforçar-se por oferecer a cada um oportunidades pelo menos equivalentes; e quanto mais êxito tivesse em tais esforços, mais forte se tornaria a reivindicação legítima de que, com base no mesmo princípio, quaisquer desvantagens ainda remanescentes fossem eliminadas – ou compensadas pela imposição de um ônus adicional àqueles ainda em melhores condições. Esse processo continuaria até que o governo controlasse literalmente todas as circunstâncias capazes de influir no bem-estar de qualquer pessoa. Por atraente que o lema da igualdade de oportunidade pareça à primeira vista, a idéia, quando se estende além das facilidades que, por outras razões, devem ser proporcionadas pelo governo, converte-se num ideal inteiramente ilusório, e qualquer tentativa de realizá-lo na prática acabará criando um pesadelo" (HAYEK, Friedrich. **Direito, legislação e liberdade**. Vol. 2. Tradução Henry Maksoud. São Paulo: Editora Visão, 1985, p. 85).

ainda não foi estabelecido um consenso acerca do melhor caminho a seguir. Na verdade, o que se observa é que existe um esforço, e até em certa medida uma tendência, de se buscar um equilíbrio na intervenção estatal, visando avaliar os seus limites, de modo a garantir direitos sociais aos cidadãos, mas numa perspectiva de desenvolvimento sustentável da economia e de equilíbrio fiscal das contas públicas.

Há que se ter em mente, ainda, que no atual estado civilizatório, a implantação de um Estado Mínimo poderia colocar em risco valores fundamentais dos Estados Democráticos de Direito, como a *dignidade da pessoa humana*. Princípios já consagrados na defesa dos direitos fundamentais, como a *Proibição do Retrocesso*, também deveriam ser levados em conta nessa discussão. Nesse sentido, adverte Ingo Wolfgang Sarlet:

No embate entre o paradigma do Estado Social intervencionista e altamente regulador e a nefasta tentativa de implantar um Estado minimalista à feição dos projetos globalizantes do modelo econômico e da ideologia neoliberal, o correto manejo da proibição do retrocesso na esfera dos direitos fundamentais poderá constituir uma importante ferramenta jurídica para a afirmação do Estado necessário, do qual nos fala Juarez Freitas. Recordando a lição de Carmen Lúcia Antunes Rocha, no sentido de que a dignidade corresponde ao 'coração do patrimônio jurídico-moral da pessoa humana', não restam dúvidas de que necessário será justamente o Estado apto a assegurar – de modo eficiente – nunca menos do que uma vida com dignidade para cada indivíduo e, portanto, uma vida saudável para todos os integrantes (isolada e coletivamente considerados) do corpo social[71].

Dentro da discussão acerca do modelo ideal de Estado a ser implantado (discussão antiga, bastando lembrarmos da *República* de Platão), é preciso reconhecer que atingimos um padrão de civilização que possui como principal vetor a dignidade humana, característica que não pode ser desconsiderada.

O Estado ideal, portanto, deveria atuar na medida da garantia da dignidade humana, limitando direitos e praticando a justiça distributiva no patamar necessário ao respeito ao núcleo duro dos direitos fundamentais. Nem ausente em demasia, nem altamente intervencionista[72].

Dentro da discussão do padrão ou modelo ideal de Estado a ser implantado em nossas sociedades, destacam-se dois autores que apresentaram propostas distintas, e em grande parte antagônicas: John Rawls e Robert Nozick. O primeiro propõe um modelo de justiça redistributiva,

---

[71] SARLET, Ingo Wolfgang. **A eficácia dos direitos fundamentais**. 7 ed. rev. Atual. e ampl. Porto Alegre: Livraria do Advogado Ed., 2007, p. 467.

[72] Deve-se reconhecer que a resposta apresentada foi abrangente em demasia, e não conclusiva. E nem poderia sê-lo, diante dos limites a que se propõe este artigo e da complexidade da questão. O próprio conceito de "núcleo duro dos direitos fundamentais" é problemático se for analisado em âmbito global, diante do relativismo cultural.

com maior atuação estatal, sendo considerado por muitos um dos grandes teóricos do Estado de Bem-Estar Social. Já o segundo é feroz opositor desse modelo, e, inserindo-se na corrente neoliberal, defende a implantação do Estado Mínimo como sendo a forma mais eficaz de organização social.

Como pano de fundo desses embates, conforme bem percebeu Amartya Sen, existe uma questão fundamental, em torno da qual se desenvolvem as propostas de organização da sociedade. Trata-se da igualdade:

Toda teoria ética dos ordenamentos sociais que seja plausivelmente defensável tende a exigir a igualdade em algum 'espaço', requerendo tratamento igual dos indivíduos em algum aspecto significativo, em termos de alguma variável que é importante nessa teoria particular. O 'espaço' usado é que difere de teoria para teoria. Por exemplo, 'libertários' [*libertarians*] estão interessados em liberdades iguais, 'igualitaristas econômicos' defendem rendas ou riquezas iguais; utilitaristas insistem no peso igual das utilidades de todas as pessoas num maximando [*maximand*] conseqüencialista; e assim por diante. Porém, em cada sistema, uma exigência de igualdade – em sua forma própria – é incorporada como uma característica fundacional do sistema. O que realmente distingue as diferentes abordagens é a variação em suas respectivas respostas à pergunta 'igualdade de que?'. *Esta* pergunta é verdadeiramente central para a compreensão das distinções entre abordagens éticas diversas dos ordenamentos sociais[73].

Assim, o que se busca em verdade é apresentar uma resposta a questões da seguinte natureza: qual o fundamento da desigualdade? Ela é tolerável? Até que ponto? Deve o Estado intervir para restabelecer a igualdade? Em que medida?

A seguir será apresentado um apanhado geral das teorias apresentadas por Rawls e Nozick. Elas enfrentaram as questões apresentadas, e embora se diga com frequência que são teorias antagônicas, existem alguns pontos em que elas convergem e, pode-se dizer, praticamente complementam uma a outra.

3. A TEORIA DA JUSTIÇA DE JOHN RAWLS

John Rawls (1931-2002) foi o principal pensador da filosofia liberal[74] do

---

73 SEN, Amartya Kumar. **Desigualdade reexaminada**. Tradução e apresentação de Ricardo Doninelli Mendes. Rio de Janeiro: Record, 2001, pp. 202-203.

74 "O debate sobre a justiça é animado por autores de sensibilidade 'liberal' (chamam-se assim, nos Estados Unidos, os intelectuais que, ao mesmo tempo em que aceitam a sociedade de mercado, se mobilizam para que os direitos dos mais fracos sejam protegidos, ao contrário dos 'neoliberais' e dos 'libertários', que rejeitam categoricamente todo entrave às regras do mercado). Eles se encontram em torno de três objetivos: proteger a liberdade individual; lutar contra o crescimento das desigualdades de situação; enfim, promover a igualdade de oportunidades e permitir que todos os indivíduos, sem exceção, alcancem as posições mais

final do século XX. Com a publicação de sua *Teoria da Justiça*, em 1971, foi reacendido o debate acerca do lugar dos direitos na sociedade[75]. Ele propôs uma reflexão acerca da antinomia entre liberdade e igualdade, buscando um equilíbrio que visava ao mesmo tempo aferir quais seriam as desigualdades sociais aceitáveis e os critérios de repartição das riquezas que pudessem beneficiar aqueles que fossem os mais desfavorecidos dentro de determinado contexto social.

Ao elaborar sua teoria da justiça, Rawls pretendia apresentar um contraponto e uma opção em relação à filosofia moral e política dominante naquela época: o utilitarismo. Segundo a teoria utilitarista, as leis e instituições sociais devem visar a máxima ampliação do somatório de felicidade das pessoas, individualmente consideradas na mesma proporção.

A característica marcante do utilitarismo é que não importa o modo como a soma das satisfações é distribuída, contanto que o somatório dos ganhos seja o máximo possível. O problema é que nesse raciocínio não se questiona a qualidade das satisfações, o que levaria a situações inadmissíveis, como a sujeição de minorias à drástica diminuição de liberdades e direitos, se isso proporcionasse maior felicidade para a maioria das pessoas.

Também o intuicionismo, outra teoria moral então em voga, era rechaçado por Rawls. Os defensores dessa teoria advogavam, em linhas gerais, que as questões morais e éticas deveriam ser decididas com base na intuição, ou sentimento de justiça, daquele que deveria tomar uma decisão, diante do caso concreto. Assim, haveria uma pluralidade de princípios fundamentais que poderiam entrar em conflito e oferecer diretrizes contrárias a serem seguidas, mas sem nenhuma regra de prioridade visando a compatibilização desses princípios[76].

Em contraposição a tais teorias, Rawls apresentou sua Teoria da Justiça, que se baseia em algumas ideias fundamentais. Ele encara a sociedade como um "sistema de cooperação" entre as pessoas, que ocorre a partir de uma "estrutura básica", que seria o conjunto de instituições e práticas sociais que

---

elevadas na sociedade" (NAY, Olivier. **História das idéias políticas**. Tradução de Jaime A. Clasen. Petrópolis, RJ: Vozes, 2007, p. 496).

[75] Rawls revolucionou a filosofia política com a publicação de sua obra *Uma teoria da justiça*, em 1971, a ponto de levar Ronald Dworkin a afirmar: "Portanto, farei aqui uma confissão, mas sem pedir desculpas. A obra dos ícones filosóficos é rica o bastante para permitir a apropriação por meio da interpretação. Cada um de nós tem o seu Immanuel Kant e, a partir de agora, cada um de nós lutará pela bênção de John Rawls. E por um motivo muito bom. Depois de todos os livros, todas as notas de rodapé, e todas as maravilhosas discussões, estamos apenas começando a nos dar conta de quanto temos a aprender com esse homem" (DWORKIN, Ronald. **A justiça de toga**. Tradução Jefferson Luiz Camargo. São Paulo: Editora WMF Martins Fontes, 2010, p. 369).

[76] RAWLS, John. **A theory of justice**. Rev. Ed.. Cambridge, Massachusetts: Harvard University Press, 1999, p. 30.

influenciam o modo como serão as nossas vidas, independente do esforço individual. Nessas instituições e práticas se incluem, por exemplo, o sistema de governo, as leis, a organização da economia e as condições culturais[77].

Se para o utilitarista a estrutura básica mais justa seria aquela que elevasse ao máximo a soma da felicidade dos cidadãos, para Rawls tal estrutura deveria conter certos limites, de modo a garantir o respeito a garantias individuais mínimas. Ele retoma, portanto, o imperativo kantiano de considerar os sujeitos como "fins em si mesmos" e nunca como "meios" para se atingir a uma dada finalidade, mesmo que isso represente um aumento da felicidade da maioria.

A estrutura básica justa, para Rawls, não seria aquela que simplesmente aumentasse a felicidade da maioria, mas sim o resultado da escolha de um indivíduo que não soubesse qual seria o papel a ser por ele desempenhado no esquema cooperativo de uma dada sociedade. A partir dessa premissa, Rawls desenvolve dois conceitos fundamentais em sua teoria: a posição original e o véu da ignorância. Ele nos explica a sua construção teórica da posição original:

Na justiça como equidade a posição original de igualdade corresponde ao estado de natureza na teoria tradicional do contrato social. Essa posição original não é, obviamente, pensada como uma situação histórica real, muito menos como uma condição primitiva da cultura. Ela é entendida como uma situação puramente hipotética caracterizada de modo a levar a uma certa concepção de justiça. Entre as características essenciais dessa situação está o fato de que ninguém conhece o seu lugar na sociedade, a posição de sua classe ou o *status* social, nem a sua sorte na distribuição de dotes e habilidades naturais, sua inteligência, força, e coisas desse tipo. Eu até presumirei que as partes não conhecem suas concepções do bem ou suas propensões psicológicas particulares (tradução livre)[78].

É possível perceber que a posição original possui expresso paralelo com o estado de natureza prévio ao contrato social, nos moldes idealizados por Hobbes e Rousseau. Por meio desse cenário hipotético, Rawls pretende colocar os indivíduos em uma situação ideal de tomada de decisão para a escolha dos princípios de justiça que regerão a estrutura básica da sociedade.

---

[77] LOVETT, Frank. **Uma teoria da justiça, de John Rawls: guia de leitura**. Tradução Vinicius Figueira. Porto Alegre: Penso, 2013, pp. 22-23.

[78] No original: "*In justice as fairness the original position of equality corresponds to the state of nature in the traditional theory of the social contract. This original position is not, of course, thought of as an actual historical state of affairs, much less as a primitive condition of culture. It is understood as a purely hypothetical situation characterized so as to lead to a certain conception of justice. Among the essential features of this situation is that no one knows his place in society, his class position or social status, nor does any one know his fortune in the distribution of natural assets and abilities, his intelligence, strength, and the like. I shall even assume that the parties do not know their conceptions of the good or their special psychological propensities*" (RAWLS, John. **A theory of justice**. Rev. Ed.. Cambridge, Massachusetts: Harvard University Press, 1999, p. 11).

Para tanto, a partir de uma posição original, os indivíduos, concebidos como partes racionais, deveriam travar um processo de discussão até atingir um equilíbrio em sua escolha dos princípios de justiça, processo esse denominado *equilíbrio reflexivo*. No entanto, tal escolha se daria sob uma série de limitações, especialmente relacionadas à posição a ser ocupada pelo indivíduo nessa sociedade a ser formada. Assim, ele não saberia qual a posição a ser por ele ocupada, o que o levaria a tomar a decisão sob um *véu de ignorância*.

Com essa construção teórica, Rawls pretende levar os indivíduos, como sujeitos racionais, a escolherem sem pensar em seus próprios interesses, o que os estimularia a formular, da forma mais justa possível, os princípios que deveriam reger a estrutura básica da sociedade. Assim, no contexto da posição original, o indivíduo racional que não soubesse o lugar a ser por ele ocupado na sociedade a ser formada naturalmente adotaria um critério de decisão que buscasse melhorar o máximo possível a pior posição da escala social, visto que em tese ele poderia vir a ocupar inclusive tal posição. Trata-se de um critério de tomada de decisão sob condições de incerteza, conhecido como critério *maximin*. Sobre a aplicação de tal critério na perspectiva teórica de Rawls, Neiva Afonso Oliveira esclarece:

(...) nestas condições justas, de total falta de apego às desigualdades históricas e 'naturais', de completa incerteza, os contratantes escolheriam uma regra 'maxi-mínima' como forma de decisão em situações onde as probabilidades de obter benefícios particulares são desconhecidas. Em tais circunstâncias, torna-se mais prudente escolher a opção do resultado menos pior possível. Em outras palavras, trata-se de "***maximize the minimum***". Rawls adota esta perspectiva para daí derivar sua concepção geral de justiça e, em particular, para chegar ao *"difference principle"*, sustentando que as pessoas na *"original position"* empregariam esta regra, a *"**maximin** decision rule"*. E planejariam uma distribuição racional dos bens de forma justa e prudente, de maneira a garantir para si próprios e para os demais a conquista de, pelo menos, a menor parte possível de bens disponíveis para todos[79].

Com base na regra *maximin* para a escolha dos princípios da justiça, Rawls conclui que as partes racionais na posição original adotariam um critério de justiça como equidade, e não um critério utilitarista de justiça.

Isso implicaria a conclusão de que elas assumiriam uma posição de maior respeito à dignidade humana (pessoas como fins e não como meios), e buscariam garantir uma esfera de inviolabilidade em suas liberdades básicas, que não poderia ser sobrepujada pelo bem-estar de uma maioria. Assim, para Rawls, o primeiro princípio de justiça possuiria a seguinte formulação: "Cada pessoa tem um direito igual ao mais extenso esquema total de liberdades

---

[79] OLIVEIRA, Neiva Afonso. **Rousseau e Rawls: contrato em duas vias**. Porto Alegre: EDI-PUCRS, 2000, p. 124.

básicas iguais que seja compatível com um esquema similar de liberdades para todos" (tradução livre)[80].

Definido o princípio das liberdades básicas, o segundo princípio a ser imediatamente formulado teria a finalidade de lidar com as desigualdades sociais e econômicas, e em que medida elas poderiam ser justificadas. Ele possui a seguinte formulação:

As desigualdades econômicas e sociais devem ser dispostas de modo a que: (a) sejam para o máximo benefício dos menos favorecidos, observando a compatibilidade com o princípio de poupança justa, e (b) estejam vinculadas a cargos e posições abertos a todos em condições de igualdade equitativa de oportunidades[81].

Assim, as desigualdades sociais e econômicas seriam aceitáveis para Rawls, que não advoga um igualitarismo social. No entanto, elas somente se justificam se possibilitarem igualdade de oportunidades para os cidadãos no acesso a cargos e profissões, e desde que tais desigualdades também tragam uma melhoria na situação daqueles que se encontram em pior posição na escala social. Também é preciso que se respeite um nível de poupança justa, para a garantia dos direitos das futuras gerações.

A aplicação desses princípios deveria ainda, de acordo com Rawls, obedecer a uma ordem lexical, ou lexicográfica, ou seja, o primeiro princípio deve ser satisfeito antes de se passar para o segundo. E no caso do segundo princípio, a igualdade equitativa de oportunidades possui prioridade sobre o princípio da diferença. A ordem lexicográfica de aplicação dos princípios é explicada por ele:

É uma ordem que requer a satisfação do primeiro princípio da ordenação antes de passarmos ao segundo; do segundo antes de considerarmos o terceiro, e assim por diante. Determinado princípio não entra em ação antes que os anteriores estejam totalmente satisfeitos ou não se apliquem. A ordenação em série evita, então, a necessidade de equilibrar princípios; os princípios anteriores na ordenação têm um peso absoluto, por assim dizer, em relação aos posteriores, e valem sem exceção. Podemos considerar essa ordenação análoga a uma sequência de princípios limitados de maximização. Podemos supor que qualquer princípio da série só deve ser maximizado com a condição de que os precedentes já tenham sido plenamente satisfeitos. Como exemplo de caso especial importante, proporei uma ordenação desse

---

[80] No original: *"Each person is to have an equal right to the most extensive total system of equal basic liberties compatible with a similar system of liberty for all"* (RAWLS, John. **A theory of justice**. Rev. Ed.. Cambridge, Massachusetts: Harvard University Press, 1999, p. 266).

[81] No original: *"Social and economic inequalities are to be arranged so that they are both: (a) to the greatest benefit of the least advantaged, consistent with the just savings principle, and (b) attached to offices and positions open to all under conditions of fair equality of opportunity"* (RAWLS, John. **A theory of justice**. Rev. Ed.. Cambridge, Massachusetts: Harvard University Press, 1999, p. 266).

tipo classificando o princípio da liberdade igual com prioridade sobre o princípio que rege as desigualdades sociais e econômicas. Isso significa, com efeito, que a estrutura básica da sociedade deve organizar as desigualdades de riqueza e autoridade de forma compatível com as liberdades iguais exigidas pelo princípio anterior (tradução livre)[82].

Assim, a ordem lexical de prioridade dos princípios de justiça de Rawls é a seguinte: 1) Princípio das Liberdades Básicas; 2) Princípio da Igualdade Equitativa de Oportunidades; 3) Princípio de Diferença.

O Princípio de Diferença, portanto, é uma parte do segundo princípio de justiça proposto por Rawls, aquela que estabelece que as desigualdades econômicas e sociais devem ser dispostas de modo a garantir o máximo benefício possível dos menos favorecidos, que seja compatível com as restrições do princípio de poupança justa (de modo a proteger o direito ao desenvolvimento das futuras gerações).

Nota-se, por conseguinte, que embora Rawls seja considerado um dos principais teóricos do Estado de Bem-Estar Social, ele não defende um igualitarismo social. Ao contrário, fiel à tradição do liberalismo, deve haver a prioridade na observância das liberdades e na garantia de igualdade equitativa de oportunidades, para somente então se avaliar estratégias para melhorar a situação daqueles menos favorecidos na escala social.

Após o necessário panorama acerca dos conceitos básicos da Teoria da Justiça de Rawls, passemos à análise teórica proposta por Robert Nozick, que foi, em muitos aspectos, uma tentativa de resposta à teoria de Rawls, em defesa do assim denominado "Estado Mínimo".

4. A TEORIA DA JUSTIÇA DE ROBERT NOZICK

Após três anos da publicação da *Teoria da Justiça* de Rawls, seu colega na Universidade de Harvard, Robert Nozick, publica sua notável obra *Anarquia, Estado e Utopia* (1974), com o propósito manifesto de oferecer um

---

[82] No original: *"This is an order which requires us to satisfy the first principle in the ordering before we can move on to the second, the second before we consider the third, and so on. A principle does not come into play until those previous to it are either fully met or do not apply. A serial ordering avoids, then, having to balance principles at all; those earlier in the ordering have an absolute weight, so to speak, with respect to later ones, and hold without exception. We can regard such a ranking as analogous to a sequence of constrained maximum principles. For we can suppose that any principle in the order is to be maximized subject to the condition that the preceding principles are fully satisfied. As an important special case I shall, in fact, propose an ordering of this kind by ranking the principle of equal liberty prior to the principle regulating economic and social inequalities. This means, in effect, that the basic structure of society is to arrange the inequalities of wealth and authority in ways consistent with the equal liberties required by the preceding principle"* ((RAWLS, John. **A theory of justice**. Rev. Ed.. Cambridge, Massachusetts: Harvard University Press, 1999, p. 38).

contraponto às idéias liberais de Rawls em favor de um Estado de Bem-Estar Social. Nozick é um filósofo libertário, que busca restringir ao mínimo a intervenção estatal na sociedade, a qual deveria ser regida de forma preponderante pelas regras de mercado e da competição livre, as únicas que poderiam garantir uma repartição equitativa dos recursos.

Ele divide sua obra *Anarquia, Estado e Utopia* em três partes, tal como propõe seu título. Na primeira, são analisados os direitos pré-políticos dos indivíduos e o que justifica ser o modelo de organização social em Estado preferível em relação à Anarquia. Na segunda parte, ele pretende refutar a necessidade de um Estado mais extenso do que o Estado Mínimo por ele proposto. Na última, a *Utopia*, Nozick sugere que sua teoria é de aplicação prática possível para todos que tenham o desejo de viver em uma sociedade livre.

Na primeira parte, a *Anarquia*, o autor nos sugere que imaginemos a vida em sociedade antes da constituição do Estado civil, ou seja, no estado de natureza. Para tanto, ele parte da concepção proposta por John Locke de que os indivíduos possuem direitos que devem ser respeitados antes mesmo da constituição de qualquer organização política, que devem ser vistos como decorrência do direito à propriedade de si mesmos, e dos bens adquiridos por meio de seu trabalho[83].

Tal estado de natureza, no entanto, deixaria os indivíduos em uma situação permanente de insegurança, não havendo nenhuma instância a qual pudessem recorrer caso os seus direitos naturais fossem violados. Para remediar tal situação, Locke propôs a celebração de um contrato civil para a criação do Estado, a quem caberia o papel de garantia desses direitos. Nozick, contudo, segue outro caminho.

Segundo ele, não haveria a necessidade da utilização do artifício do contrato social para se chegar à constituição do Estado Civil. Como o medo da morte, medo da conduta do outro, é o que move os indivíduos a saírem do estado de natureza, eles se agrupariam naturalmente em associações, com a finalidade de garantirem a sua segurança mútua. Assim seria o processo:

Num estado de natureza um indivíduo pode por si mesmo fazer valer os seus direitos, defender sua exata compensação e punir (ou pelo menos fazer

---

[83] "Embora a Terra e todas as criaturas inferiores sejam comuns a todos os homens, cada homem tem uma *propriedade* além de sua própria *pessoa*. A esta ninguém tem direito algum além dele mesmo. O *trabalho* de seu corpo e a *obra* de suas mãos, pode-se dizer, são propriamente dele. Qualquer coisa que ele então retire do estado com que a natureza a proveu e deixou, mistura-a ele com o seu trabalho e junta-lhe algo que é seu, transformando-a em sua *propriedade*. Sendo por ele retirada do estado comum em que a natureza a deixou, a ela agregou, com esse trabalho, algo que a exclui do direito comum dos demais homens. Por esse *trabalho* propriedade inquestionável do trabalhador, homem nenhum além dele pode ter direito àquilo que a esse *trabalho* foi agregado, pelo menos enquanto houver bastante e de igual qualidade deixada em comum para os demais" (LOCKE, John. **Dois tratados sobre o governo**. Tradução de Julio Fisher. São Paulo: Martins Fontes, 1998, pp.407-409).

o seu melhor para tanto). Outros poderão juntar-se a ele em sua defesa, ao seu chamado. Eles podem se associar a ele para repelir um atacante ou perseguir um agressor porque visam o bem-estar público, ou porque são seus amigos, ou porque ele os ajudou no passado, ou porque eles desejam que ele lhes ajude no futuro, ou em troca de algo. Grupos de indivíduos podem formar associações para proteção mútua: todos responderão ao chamado de qualquer membro para sua defesa ou para fazer valer os seus direitos. A união faz a força (tradução livre)[84].

No entanto, como os indivíduos possuem suas próprias atividades e não podem se dedicar integralmente à tarefa da defesa mútua, passa a haver uma divisão de tarefas, com o estabelecimento de agências especializadas na proteção de seus clientes (os indivíduos que se associaram originariamente).

É provável ainda que se estabeleçam em uma mesma área geográfica várias agências de proteção mútua. Todavia, dada a natureza do serviço prestado, tais agências necessariamente entrarão em conflito, levando ou ao desaparecimento das mais fracas, ou ao estabelecimento de fronteiras geográficas precisas de atuação de cada uma das agências[85].

Estabelecido o monopólio da violência em dado espaço geográfico, surge o que Nozick denomina "Estado Ultramínimo". No entanto, deve-se lembrar que a agência dominante, por ter tal monopólio, cerceia a liberdade inclusive daqueles não membros que se encontram em seu território, e por isso teria o dever moral de os compensar.

Tal compensação ocorreria por meio do fornecimento de serviços de proteção a todos aqueles que se encontrassem em seu território, membros e não membros. Ocorre, então, a evolução do "Estado Ultramínimo" para o "Estado Mínimo". Poder-se-ia aduzir, indo além do que foi proposto por Nozick, que nesse caso os "não-membros" na verdade se tornariam "membros compulsórios", ainda que em caráter transitório (enquanto estivessem em seu território).

Ao final da primeira parte de sua teoria, Nozick conclui que o Estado Mínimo é preferível em relação à Anarquia, visto que ele garante a proteção do indivíduo e sua propriedade. Ele é categórico em afirmar que "o estado mínimo é o estado mais abrangente que se pode justificar. Qualquer estado mais abrangente viola os direitos das pessoas. No entanto, muitas pessoas apresentaram razões com a pretensão de justificar um estado mais

---

[84] No original: *"In a state of nature an individual may himself enforce his rights, defend himself exact compensation, and punish (or at least try his best to do so). Others may join with him in his defense, at his call. They may join with him to repulse an attacker or to go after an agressor because they are public spirited, or because they are his friends, or because he has helped them in the past, or because they wish him to help them in the future, or in exchange for something. Groups of individuals may form mutual-protection associations: all will answer the call of any member for defense or for the enforcement of his rights. In union there is strength."* (NOZICK, Robert. **Anarchy, State and Utopia**. Oxford UK & Cambridge USA: Blackwell Publishers, 1999, p. 12).

[85] Ibidem, pp. 15-16.

abrangente"[86].

Inicia então Nozick a defesa do "Estado Mínimo", dirigindo críticas contra as teorias que propõem um Estado mais abrangente, de cunho social, como o descrito pela Teoria da Justiça de John Rawls.

Embora reconheça a importância da teoria de Rawls, Nozick a contesta em diversos pontos, por entender que a atuação estatal cerceia a liberdade das pessoas, e por isso só pode ser admitida em um grau mínimo.

No entanto, conforme se verá a seguir, em sua proposta de justificação da propriedade, denominada Teoria da Titularidade, Nozick propõe um mecanismo de ajuste denominado Princípio de Retificação, que aproxima de forma impressionante a sua teoria da de Rawls, e até mesmo a coloca na dependência dela, ou de alguma outra proposta distributiva similar.

Passemos então, preliminarmente, à análise da Teoria da Titularidade de Nozick. Ela possui um cunho nitidamente histórico e seu principal objetivo é avaliar a justiça na aquisição da propriedade. Assim, se o bem foi adquirido de forma legítima, sem que tenham sido infringidos os direitos de outrem, existe um direito a tal propriedade, que não poderia ser ignorado ou negligenciado pelo Estado em nome de qualquer padrão de justiça social. Segundo Álvaro de Vita:

O que uma teoria 'histórica' (ou 'genealógica) de justiça coloca em questão não é a distribuição de encargos e benefícios sob o estado de coisas vigente mas o *pedigree* moral das possessões de cada um sob a distribuição vigente. Como – por meio de que condutas, transações e operações – a presente distribuição de titularidades foi alcançada? (...) a teoria 'histórica' de Nozick (segundo o que nos é dito) é a única em que as titularidades são levadas a sério: se foram geradas por um processo de aquisição original ao qual ninguém pode objetar, e por transferências de posses realizadas por meios permissíveis (transações voluntárias de mercado, herança ou doações), então elas estão moralmente insuladas de interferências. Apoiando-se em um argumento de Hayek contra a distribuição de acordo com o mérito moral, Nozick sustenta que só há um padrão distributivo, se é que se pode chamar assim, que não é incompatível com a perspectiva das titularidades: 'Em uma sociedade livre, a distribuição será de acordo com o valor e não com o mérito moral, isto é, de acordo com o valor que as ações e serviços de uma pessoa mostram ter para outros'. Evidentemente há apenas um mecanismo que permite que a distribuição de recursos se faça de acordo com o valor que outros percebem nas ações e serviços de uma pessoa: o mercado[87].

---

[86] No original: "*The minimal state is the most extensive state that can be justified. Any state more extensive violates people's rights. Yet many persons have put forth reasons purporting to justify a more extensive state*" (Ibidem, p. 149).

[87] VITA, Álvaro de. **A justiça igualitária e seus críticos**. 2ª ed., São Paulo: Martins Fontes,

Assim, conforme bem asseverou Álvaro de Vita, a aquisição é analisada por Nozick não somente em sua forma originária, mas também por meio de processos de transferências de bens (que é o caso mais comum, sendo raros atualmente os casos de aquisição originária). Portanto, se a aquisição pela transferência de propriedade foi justa, deve esse direito também ser respeitado pelo Estado e demais indivíduos.

Com base na aquisição histórica legítima, seja de forma originária ou por meio de transferência, está justificada a propriedade dos bens. Por conseguinte, teorias sociais de cunho distributivista, como a proposta por Rawls, ignorariam os direitos dos indivíduos, que seriam utilizados como instrumentos (meios) para melhorar a situação dos menos favorecidos, e não como fins em si mesmos, resultando em uma afronta ao padrão kantiano de dignidade humana[88].

O terceiro aspecto da Teoria da Titularidade, que será desenvolvido de forma mais aprofundada no tópico seguinte, e que aproxima as teorias de Nozick e Rawls, diz respeito à necessidade de retificação na titularidade dos bens, sempre que houver sido detectado que a aquisição de forma originária ou pela transferência não observou padrões de justiça e de respeito aos direitos dos demais indivíduos.

Finalmente, na terceira e última parte de sua obra, a *Utopia*, Nozick deixa claro que não propõe nenhum modelo ideal de Estado. Ao contrário, são identificados os limites da atuação estatal (Estado Mínimo), visando justamente garantir que os indivíduos possam desenvolver seus projetos de vida de forma livre, da maneira que melhor lhes aprouver. Ao final do livro, ele nos apresenta um breve e claro resumo de sua teoria:

Argumentamos na Parte I que o estado mínimo é moralmente legítimo. Na Parte II argumentamos que nenhum estado mais abrangente poderia ser moralmente justificado, que qualquer estado mais abrangente violaria (violará) os direitos dos indivíduos. Esse estado moralmente preferível, o único estado moralmente legítimo, o único moralmente tolerável, vemos agora que é o que melhor realiza as aspirações utópicas de incontáveis sonhadores e visionários. Ele preserva o que todos podemos manter da tradição utopista e abre o resto dessa tradição às nossas aspirações individuais. Relembremos agora da questão com a qual começou esse capítulo. Não é o estado mínimo, a estrutura para a utopia, uma visão inspiradora? O Estado mínimo nos trata como indivíduos invioláveis, que não podem ser usados de certas maneiras pelos outros como meios ou ferramentas ou instrumentos ou recursos; trata-nos como pessoas que possuem direitos individuais, com a dignidade que isto constitui. Tratando-

---

2007, pp. 63-64.

[88] Nota-se uma certa ironia na crítica de Nozick, visto que Kant é um dos principais filósofos utilizados por Rawls para o embasamento de sua Teoria da Justiça.

nos com respeito respeitando os nossos direitos, ele nos permite, individualmente ou com quem escolhermos, escolher a nossa vida e realizar nossos fins e a concepção que temos de nós mesmos, na medida em que pudermos, ajudados pela cooperação voluntária de outros indivíduos que possuem a mesma dignidade. Como se atreve qualquer estado ou grupo de indivíduos a fazer mais. Ou menos. (tradução livre)[89]

5. A COMPLEMENTARIDADE ENTRE OS PRINCÍPIOS DE RETIFICAÇÃO E DE DIFERENÇA

Nozick fundamenta a legitimidade do direito de propriedade na origem histórica de apropriação do bem. Assim, se a aquisição foi justa (seja de forma originária, seja por meio de processos de transferência do mercado), a propriedade seria justa. A pergunta que se faz é a seguinte: e se a aquisição não houver sido justa? Nesse caso, deve ser aplicado um mecanismo depurador da injustiça, denominado Princípio de Retificação. Roberto Gargarella nos expõe de forma clara em que consistiria tal princípio:

Tal como se apresenta, parece que o princípio da retificação vem dar consistência final à teoria. A idéia é a seguinte: Nozick reconhece a possibilidade de algumas transferências ou apropriações terem se realizado de modo inadequado, e admite que essas situações precisam de reparação, se é que se trata de apresentar uma teoria da justiça coerente. O princípio da retificação é o que exige reparações quanto a possíveis injustiças cometidas por meio das prévias aquisições e transferências. A idéia é que esse princípio permita justificar o desenvolvimento do resto da teoria. Por exemplo, se alguém se apropriou de certo objeto violando os direitos de um terceiro, o princípio de justiça na retificação exige voltar atrás e reparar o dano cometido, para impedir que a sociedade se institua a partir de uma série de atos de

---

[89] No original: "*We argued in Part I that the minimal state is morally legitimate; in Parte II we argued that no more extensive state could be morally justified, that any more extensive state would (will) violate the rights of individuals. This morally favored state, the only morally legitimate state, the only morally tolerable one, we now see is the one that best realizes the utopian aspirations of untold dreamers and visionaries. It preserves what we all keep from the utopian tradition and opens the rest of that tradition to our individual aspirations. Recall now the question with which this chapter began. Is not the minimal state, the framework for utopia, an inspiring vision? The minimal state treats us as inviolate individuals, who may not be used in certain ways by others as means or tools or instruments or resources; it treats us as persons having individual rights with the dignity this constitutes. Treating us with respect by respecting our rights, it allows us, individually or with whom we choose, to choose our life and to realize our ends and our conception of ourselves, insofar as we can, aided by the voluntary cooperation of other individuals possessing the same dignity. How dare any state or group of individuals do more. Or less.*" (NOZICK, Robert. **Anarchy, State and Utopia**. Oxford UK & Cambridge USA: Blackwell Publishers, 1999, pp. 333-334).

apropriação injustificados[90].

O que impressiona é que tal princípio basilar (e por vezes muito pouco lembrado pelos comentadores) coloca em risco a proposta de Estado Mínimo. Isso porque a constatação da injustiça na aquisição fundamenta uma maior atuação estatal para a redistribuição dos bens, de modo a restabelecer a justiça.

Deve-se lembrar, ainda, que Nozick não faz nenhum corte histórico para a aplicação desse princípio, o que aumenta drasticamente a complexidade de sua utilização. Dentro de sua teoria histórica da aquisição, seria possível o retorno a um passado longínquo, para comprovar a injustiça na aquisição ou transferência da propriedade, visando fundamentar uma atuação estatal no presente para restaurar o equilíbrio na distribuição dos bens.

O problema gerado pela ausência de um corte ou delimitação para a aplicação da retificação é evidente. Pergunta-se: será que existe alguma propriedade totalmente imaculada em seus processos históricos de aquisição e transferência? Bastaria um ato de injustiça na grande cadeia de aquisições e transferências para justificar a instalação de um processo de reequilíbrio e redistribuição dos bens.

A história da humanidade nos ensina que as aquisições e transferências de propriedades não foram feitas obedecendo a padrões de justiça do "homem bom de Rousseau", mas com "sangue e lágrimas". De fato, a atual distribuição de riquezas em nossa sociedade, fruto de processos de dominação colonialista, não pode ser considerada justa. Eduardo Galeano comenta:

É a América Latina, a região das veias abertas. Desde o descobrimento até nossos dias, tudo se transformou em capital europeu ou, mais tarde, norte-americano, e como tal tem-se acumulado e se acumula até hoje nos distantes centros de poder. (...) Para os que concebem a História como uma disputa, o atraso e a miséria na América Latina são o resultado de seu fracasso. Perdemos; outros ganharam. Mas acontece que aqueles que ganharam, ganharam graças ao que nós perdemos: a história do subdesenvolvimento da América Latina integra, como já se disse, a história do desenvolvimento do capitalismo mundial[91].

---

[90] GARGARELLA, Roberto. **As teorias da justiça depois de Rawls: um breve manual de filosofia política**. Tradução Alonso Reis Freire. São Paulo: WMF Martins Fontes, 2008, p. 60.

[91] GALEANO, Eduardo. **As veias abertas da América Latina.** Tradução de Galeno de Freitas. 16ª ed. Rio de Janeiro: Paz e Terra, 1983, p. 14. Acerca do papel central que o Princípio de Retificação assumiria na Teoria da Justiça de Nozick, caso sua aplicação fosse levada ao extremo de buscar corrigir as injustiças do modelo de distribuição capitalista, é oportuna a observação de Gargarella: "De modo muito mais radical, deveríamos pensar nas violentas apropriações que fundamentaram habitualmente os regimes capitalistas. Aborígenes aniquilados, terras expropriadas à força etc. revelam-nos situações comuns no passado, que pioraram a situação de uma infinidade de gente, sem a mínima atenção a seus direitos ou

Nota-se, portanto, que não é simples a aplicação do Princípio de Retificação sem o estabelecimento de um corte histórico (não proposto por Nozick). Ele é, ademais, dependente de padrões de justiça distributiva a serem implementados por um Estado certamente mais intervencionista que o Mínimo. E o próprio Nozick admite isso:

De acordo com a concepção de justiça da propriedade que apresentamos, não há argumento baseado nos primeiros dois princípios de justiça distributiva, os princípios da aquisição e da transferência, que justifique um Estado mais extenso. Se o conjunto de propriedades foi gerado de forma adequada, não há argumento para um Estado mais extenso baseado na justiça distributiva. Se, contudo, esses princípios são violados, o princípio de retificação entra em jogo. Talvez seja melhor considerar alguns princípios-padrão de justiça distributiva como regras empíricas que visam se aproximar dos resultados gerais que seriam obtidos com a aplicação do princípio de retificação. Por exemplo, carecendo de muita informação histórica, e assumindo que 1) as vítimas de injustiça estão em pior situação do que os outros e 2) os grupos menos favorecidos da sociedade possuem maior probabilidade de serem os descendentes das vítimas de mais sérias injustiças, os quais merecem uma compensação por aqueles que se beneficiaram das injustiças (supondo que eles estejam em melhor situação, embora às vezes os responsáveis pelas injustiças sejam outros do grupo menos favorecido), então uma regra aproximada para a retificação das injustiças poderia ser a seguinte: organize-se a sociedade de modo a maximizar a posição dos grupos que sejam os menos favorecidos (...) Embora a introdução do socialismo como punição pelos nossos pecados significasse ir longe demais, injustiças passadas poderiam ser tão grandes que tornariam necessário, por um prazo curto, um Estado mais extenso que pudesse retificá-las[92].

---

compensação. O princípio de retificação, em tais casos, também deveria ser posto em atividade, com a finalidade de poder firmar o capitalismo sobre bases mais legítimas. No entanto, deparamos de novo com o fato de o princípio de retificação, aparentemente marginal na teoria, passar a representar um papel protagonista para organizar modificações importantes, como exigência prévia para o estabelecimento de uma sociedade libertária genuína" (GARGARELLA, Roberto. **As teorias da justiça depois de Rawls: um breve manual de filosofia política**. Tradução Alonso Reis Freire. São Paulo: WMF Martins Fontes, 2008, p. 61).

[92] No original: *"According to the entitlement conception of justice in holdings that we have presented, there is no argument based upon the first two principles of distributive justice, the principles of acquisition and of transfer, for such a more extensive state. If the set of holdings is properly generated, there is no argument for a more extensive state based upon distributive justice. (...) If, however, these principles are violated, the principle of rectification comes into play. Perhaps it is best to view some patterned principles of distributive justice as rough rules of thumb meant to approximate the general results of applying the principle of rectification of justice. For example, lacking much historical information, and assuming (I) that victims of injustice generally do worse than otherwise would and (II) that those from the least well-off group in society have the highest probabilities of being the (descendants of) victims of the most serious injustice who are owed compensation by those who benefited from the injustices (assumed to be those better off, though sometimes the perpetrators will be others in the worst-*

Constata-se, portanto, que Nozick é obrigado a admitir – para ser coerente com sua teoria e o Princípio de Retificação por ele proposto – a necessidade de um Estado maior que o Estado Mínimo, ainda que de forma transitória, para corrigir as injustiças passadas nas aquisições e transferências das propriedades.

Não somente isso. Ele admite a necessidade de aplicação de princípios-padrão de justiça distributiva para alcançar os resultados pretendidos com a retificação. Dentre os de aplicação possível, segundo Nozick, estaria aquele que prevê a maximização da posição dos grupos menos favorecidos da sociedade, pois seriam justamente eles os que teriam maior probabilidade de serem os descendentes das vítimas das maiores injustiças.

Ou seja, Nozick propõe expressamente a aplicação do Princípio de Diferença, tal como formulado por Rawls, para a retificação das aquisições e transferências injustas. Esse aspecto fundamental da obra de Nozick também foi comentado por Álvaro de Vita:

De acordo com a teoria 'histórica' de Nozick, se a estrutura atual dos direitos de propriedade de alguma forma incorporou violações aos dois primeiros princípios de justiça (os princípios de apropriação original e de transferências), então é preciso que o terceiro princípio, de retificação de injustiças passadas, entre em cena. Admitamos, como o próprio Nozick está disposto a admitir, que é plausível supor que aqueles que se encontram na pior situação sob a estrutura institucional vigente são vítimas ou descendem das vítimas de injustiças passadas. Nesse caso, 'uma regra prática aproximativa para a retificação de injustiças pode ser a seguinte: organize-se a sociedade de forma que eleve ao máximo a posição de qualquer grupo que nela acabe por se encontrar na situação mais desvantajosa'. Essa é, precisamente, uma formulação possível para o princípio de diferença de Rawls – que, para Nozick, constitui um exemplo nítido de princípio *end result* de justiça que negligenciaria as titularidades existentes. Uma vez que é impossível voltar, no processo de geração de transferências e titularidades, a um ponto de partida não maculado por injustiças, Nozick admite que o melhor substituto para isso consiste em criar as condições para a igualdade – tal como interpretada, por exemplo, pelo princípio de diferença de Rawls ou por alguma outra concepção 'estrutural' de justiça distributiva[93].

É de se observar, no entanto, que Nozick admite apenas de forma

---

off group), then a rough rule of thumb for rectifying injustices might seem to be the following: organize society so as to maximize the position of whatever group ends up least well-off in the society. (...) Althoug to introduce socialism as the punishment for our sins would be to go too far, past injustices might be so great as to make necessary in the short run a more extensive state in order to rectify them" (NOZICK, Robert. **Anarchy, State and Utopia**. Oxford UK & Cambridge USA: Blackwell Publishers, 1999, pp. 230-231).

[93] VITA, Álvaro de. **A justiça igualitária e seus críticos**. 2ª ed., São Paulo: Martins Fontes, 2007, p. 74.

temporária, e por curto prazo, um Estado maior que o Mínimo, que aplicaria princípios de justiça distributiva para a retificação das injustiças passadas, a fim de permitir a implantação do Estado Mínimo sobre bases aceitáveis de justiça. Assim, ele admitiria uma fase de "transição rawlsiana" para o posterior atingimento de um genuíno padrão libertário de justiça na sociedade.

Não obstante, pode-se questionar até mesmo a condição do "por um prazo curto" imposta por Nozick para alcançar sua *Utopia*. Mesmo que se consiga atingir o improvável objetivo de correção das injustiças passadas, novas violações à justiça na aquisição e transferência provavelmente seriam cometidas, e uma vez mais seria necessário o emprego da retificação com base em outros princípios distributivos, como o Princípio de Diferença de Rawls. Sobre essa situação de dependência, conclui Álvaro de Vita, citando De Gregori, que "a teoria de Nozick, no melhor dos casos, só pode ser empregada como complemento de alguma teoria da justiça que seja operacional"[94].

6. CONSIDERAÇÕES FINAIS

Foram discutidos no presente artigo dois dos principais modelos de organização estatal. O primeiro, mais intervencionista, possui como meta melhorar a situação de vida das classes menos favorecidas, com vistas ao atingimento de uma justiça social – o Estado do Bem-Estar Social. O segundo intervém o mínimo possível na esfera de liberdade dos cidadãos, a fim de garantir o respeito aos contratos e às regras de mercado – O Estado Mínimo.

Diante das críticas dirigidas ao Estado de Bem-Estar Social meramente provedor, foi exposta uma proposta que ganhou força na segunda metade do século passado: o Estado de Bem-Estar Social Ativo. Segundo esse modelo, o foco da atuação estatal seria a qualificação dos indivíduos, e a adoção de políticas macroeconômicas, com a finalidade de garantir a permanência ou retorno ao mercado de trabalho.

O modelo de Estado Mínimo, no entanto, segue outro caminho. Com base em doutrinas neoliberais, prega-se a mínima intervenção estatal na economia e na esfera de liberdade dos cidadãos. A distribuição da riqueza deveria obedecer às regras de mercado, cabendo ao Estado apenas a atuação na segurança e na garantia de respeito aos contratos.

Como expoentes teóricos dessas propostas de organização estatal, destacam-se John Rawls, que prega a aplicação de princípios de justiça para alcançar uma justiça social, e Robert Nozick, que, ao contrário, é ardoroso

---

[94] Ibidem, pp. 74-75.

defensor do Estado Mínimo. Embora suas teorias se revelem aparentemente antagônicas, é possível visualizar uma aproximação importante em seus núcleos.

Segundo o Princípio de Diferença de Rawls, as desigualdades econômicas e sociais somente podem ser justificadas se forem direcionadas ao benefício dos grupos em posição mais desfavorável na sociedade. Nozick, por sua vez, defende que a propriedade é justificada se houver sido adquirida de forma justa, pouco importando se sua destinação melhorará ou não a vida das camadas mais desfavorecidas.

No entanto, a aproximação das teorias ocorre quando se constata a injustiça na aquisição da propriedade. Nesse caso, para Nozick, deve entrar em cena um princípio denominado de Retificação, cujo objetivo é restabelecer o estado de coisas, caso não houvesse ocorrido a injustiça. Para tanto, ele defende inclusive a utilização de mecanismos de justiça distributiva, como o Princípio de Diferença de Rawls.

Embora Nozick defenda apenas um caráter temporário para a retificação, é preciso admitir que as injustiças passadas dificilmente serão todas corrigidas, e as futuras evitadas. Assim, padrões de justiça distributiva, como o Princípio de Diferença, teriam que ser utilizados de forma complementar em caráter permanente, não sendo possível a aplicação pura da teoria da titularidade.

As teorias da justiça de Rawls e Nozick, contudo, quanto aos fundamentos e objetivos, ainda apontam caminhos diversos. Para o primeiro, as desigualdades somente se justificam para o benefício dos menos favorecidos, enquanto para o segundo elas seriam aceitáveis caso tenha havido justiça na aquisição dos bens. De um lado, o Estado de Bem-Estar Social. De outro, o Estado Mínimo. Qual o melhor caminho a seguir? Talvez devamos nos lembrar de Aristóteles e fugir dos extremos, buscando o respeito à propriedade adquirida de forma justa, sem descuidar dos direitos fundamentais e do mínimo existencial para todos, principalmente para os mais desfavorecidos, até mesmo como forma de garantir a paz e segurança na fruição dos bens adquiridos por meio do trabalho honesto.

7. REFERÊNCIAS

DWORKIN, Ronald. **A justiça de toga**. Tradução Jefferson Luiz Camargo. São Paulo: Editora WMF Martins Fontes, 2010.

GALEANO, Eduardo. **As veias abertas da América Latina.** Tradução de Galeno de Freitas. 16ª ed. Rio de Janeiro: Paz e Terra, 1983.

GARGARELLA, Roberto. **As teorias da justiça depois de Rawls: um**

breve manual de filosofia política. Tradução Alonso Reis Freire. São Paulo: WMF Martins Fontes, 2008.

HAYEK, Friedrich. **Direito, legislação e liberdade**. Vol. 2. Tradução Henry Maksoud. São Paulo: Editora Visão, 1985.

LANGENDONCK, Jef Van. **The Active Welfare State**. Revista Direitos Fundamentais & Justiça. Pontifícia Universidade Católica do Rio Grande do Sul (PUCRS). Porto Alegre: HS Editora, Ano 2, nº 4, Jul./Set. 2008.

LOCKE, John. **Dois tratados sobre o governo**. Tradução de Julio Fisher. São Paulo: Martins Fontes, 1998.

LOVETT, Frank. **Uma teoria da justiça, de John Rawls: guia de leitura**. Tradução Vinicius Figueira. Porto Alegre: Penso, 2013.

NAY, Olivier. **História das idéias políticas**. Tradução de Jaime A. Clasen. Petrópolis, RJ: Vozes, 2007.

NOGUEIRA, Vera Maria Ribeiro. **Estado de Bem-Estar Social: origens e desenvolvimento.** Revista Katálysis. Universidade Federal de Santa Catarina. Florianópolis: n. 5, jul/dez, 2001. Acesso em 18/01/2018. Disponível em: https://periodicos.ufsc.br/index.php/katalysis/article/viewFile/5738/5260).

NOZICK, Robert. **Anarchy, State and Utopia**. Oxford UK & Cambridge USA: Blackwell Publishers, 1999.

OLIVEIRA, Neiva Afonso. **Rousseau e Rawls: contrato em duas vias**. Porto Alegre: EDI-PUCRS, 2000.

RAWLS, John. **A theory of justice**. Rev. Ed. Cambridge, Massachusetts: Harvard University Press, 1999.

SARLET, Ingo Wolfgang. **A eficácia dos direitos fundamentais**. 7 ed. rev. Atual. e ampl. Porto Alegre: Livraria do Advogado Ed., 2007.

SEN, Amartya Kumar. **Desigualdade reexaminada**. Tradução e apresentação de Ricardo Doninelli Mendes. Rio de Janeiro: Record, 2001.

VITA, Álvaro de. **A justiça igualitária e seus críticos**. 2ª ed., São Paulo: Martins Fontes, 2007.

4

MAIS UM CORPO ESTENDIDO NO CHÃO? JUSTIÇA, BARBÁRIE E INQUISIÇÕES

Bruno Gadelha Xavier

1. Introdução

O presente artigo tem como objetivo principal conferir aproximações iniciais sobre o aspecto punitivo no contexto do neoliberalismo enquanto política econômica inserida no contexto cotidiano. Desta feita, a partir dos influxos da Filosofia e Psicanálise – em constante relação – inseridos no pensamento de autores como Slavoj Zizek, busca-se conferir respaldo ao problema inserido.

Reconhece-se, inicialmente, o caráter burguês da normatividade vigente, gerando a legitimidade de um sistema punitivo adequada e mutável ao sistema de reprodução do capital. Nesta formulação, práticas repressivas e inquisitoriais são tidas como positivas pelo imaginário social e pelas instituições oficiais, contrariando e alienando não somente parte do ordenamento que prega valores humanísticos, como também autorizando barbáries cíclicas.

Desta feita, o trabalho está dividido em três partes. Em um primeiro momento, discutir-se-á a questão do neoliberalismo e da sua forma de execução na contemporaneidade, produzindo "pensamentos únicos" que encilham práticas sociais de emancipação e contra-opressivas, sendo a globalização um resultado sintomático da circulação mercadológica.

Em um segundo momento, abordar-se-á a questão do risco e do medo, a partir de uma contraposição entre a teoria de Ulrich Beck e a análise de Zizek, de modo a sustentar este fator como determinante para o impulso da segregação social e da requisição por medidas drásticas para conter este pseudo-receio.

Por fim, a última parte apresenta uma relação entre a legitimidade das punições e a consequência de um pensamento único inseridas na reprodução do ensino jurídico na esfera penal: um inquisitorialismo em sala de aula que nada faz para romper com os anseios da repressão, impulsionando-o, e autorizando a perpetuação da ordem punitiva burguesa no contexto neoliberal.

Assim, resta o questionamento sobre a própria questão da justiça? Seria ela hoje um objeto de reificação do próprio sistema punitivo? Um produto de consumo de baixíssima qualidade amparado nos devaneios da cisão social?

2. O Neoliberalismo nosso de cada dia nos dais hoje: Interpretações contingenciais

Dany-Robert Dufour (DUFOUR, 2003, p.9-10), em seu livro "A arte de reduzir as cabeças", inicia o debate psicanalítico em torno do neoliberalismo afirmando que é comum acreditar que o capitalismo, conforme mostra-se nos dias atuais, é fundamentalmente "idiota", ou seja, um sistema puro obstinado que visa o máximo lucro. Todavia, pouco antes da virada neoliberal – atual paradigma –, no início dos anos 70, Jacques Lacan, dotado da sua capacidade única, elucidar o sentido sob o sentido, informou aos seus politizados ouvintes uma interpretação distinta: que o discurso capitalista seria algo loucamente astucioso, e que anda às mil maravilhas, não poderia, inclusive, estar andando melhor. Todavia, como anda rápido demais, acaba por se consumir (LACAN, 1972).

O capitalismo funciona muito bem, tão bem que um dia irá acabar se consumindo. Mas ele não se consumirá antes de levar tudo consigo, recursos, natureza, e, inclusive, os indivíduos a que lhe servem. Mais uma vez o psicanalista indicou que, na lógica do capital, o escravo antigo foi substituído por homens reduzidos ao estudo de produtos, consumíveis tanto como os outros (LACAN, 2003) – daí expressões como "material humano", ou "sociedade de consumo". Em uma vertente surrealista, lembra Dufour, que no momento da vitória completa do capitalismo, e consequente celebração do "capital humano", da gestão dos "recursos humanos"[95], as falas maliciosas guardariam seu sal, não revelariam que o capitalismo também consome o homem: "comam o homem, é bom" (DUFOUR, 2003, p.9-10).

Conforme lembra Jacinto Nelson de Miranda Coutinho (2008, p.170-172), dentre os muitos obstáculos à concretização dos preceitos de defesa do homem inseridos na Carta Política nacional, um dos mais significativos é aquele denominado por Ignacio Ramonet como "pensamento único", qual seja, o pensamento economicista/neoliberal, que acaba por ser tomado como forma epistêmica do mundo globalizado. Ora, conforme afirma Zizek (2006, p.191), a problemática com o atual paradigma da globalização se dá pelo fato de que ela implica um excesso de exclusão, sendo falsa. Não se apagam todas as diferenças particulares, uma vez o impulsionar das exclusões radicais.

Esta situação indica um equívoco duplo, o primeiro é ter por factível um "pensamento único" pautado nos ditames neoliberais, o segundo é creditar que esta forma de pensar não possui furos, produzindo resultados perfeitos, sendo sua possível imperfeição culpa dos operadores que não souberam conduzir de maneira correta. Ou seja, tem-se um golpe do imaginário, que cumpre uma função de identificação[96], mas também é o local do engano, do logro, da fraude. Nele está inserido o Direito, o que denuncia sua falta de compromisso com a verdade.

Nada do construído sobre a vertente neoliberal escapa do equívoco, denunciado pela fissura da incompletude inserida em seu bojo, como instrumento ideológico pelo qual muitos perdem e poucos ganham muito. A "conclusão correta" do "pensamento único" é o mote pelo qual se perpetra a eficiência da ação, sendo que os fins justificam os meios. Assim, os neoliberais, em uma clara posição de arrogância, colocam-se como "senhores da verdade"[97], a partir de um marco fixado pela "filosofia da consciência",

---

[95] Apesar de divergências teóricas com o autor, o presente artigo credita importante passagem ao trecho de Bauman a seguir: "A globalização deu mais oportunidades aos extremamente ricos de ganhar dinheiro mais rápido. Esses indivíduos utilizam a mais recente tecnologia para movimentar largas somas de dinheiro mundo afora com extrema rapidez e especular com eficiência cada vez maior. Infelizmente, a tecnologia não causa impacto nas vidas dos pobres do mundo. De fato, a globalização é um paradoxo: é muito benéfica para muito poucos, mas deixa de fora ou marginaliza dois terços da população mundial." (BAUMAN, 1999. p.79).

[96] Vide a primeira aula sobre "Joyce e o Sinthoma" (e a consequente elucidação do nó borromeano lacaniano, do simbólico, imaginário e real) (LACAN, 2003).

[97] "É assim que hoje, "as únicas coações justificáveis são as das trocas de mercadorias". O exclusivo e único imperativo admissível é que as mercadorias circulem. De modo que toda a instituição, vindo interpor entre os indivíduos e as mercadorias suas referências culturais e morais, é doravante mal vinda. Em suma, o novo capitalismo muito rápido identificou o

suportam-se por ações perversas, não se movendo a partir da diferença radical que sustenta as relações democráticas de homens ditos clivados (COUTINHO, 2008, p.17-172).

Ilimitada, ao certo, a globalização da economia de mercado[98] é o resultado sintomático do pensamento neoliberal, possível somente devido à racionalidade totalitária[99]. Esta racionalidade despreza o homem, e o faz assim não somente por admitir sem preocupação os excluídos, mas porque, a partir de um desmonte de Estado, furta-lhe a possibilidade de exercer a função do Pai, apoiando-se no mercado egocêntrico (COUTINHO, 1996, p.56-58).

O que se observa é a conclusão sistêmica em defesa de um pensamento unívoco neoliberal impregnando a esfera jurisdicional: o pensamento de ter-se encontrado a fórmula salvadora na fase atual do capital gera uma postura de "fim da história", nos moldes de Fukuyama[100]. Isto gera impacto direto

---

partido que podia tirar da contestação. É assim que o neoliberalismo promove hoje um "imperativo de transgressão de interditos" que confere a esse discurso um "perfume libertário", fundado na proclamação da autonomia de cada um e na "ampliação indefinida da tolerância em todos os campos". É por isso que ele porta com ele a desistintucionalização: é preciso não apenas "menos Estado", mas menos de tudo o que poderia entravar a circulação da mercadoria." (DUFOUR, 2005, p.197).

[98] Em que pese também a discordância com algumas posturas e pontos em sua obra, é válida a citação de Boaventura, no seguinte trecho: "Em segundo lugar, a tensão entre capitalismo e democracia desapareceu, porque a democracia começou a ser um regime que, em vez de produzir a redistribuição social, a destrói. É o modelo neoliberal de democracia imposto pelo Consenso de Washington. Uma democracia sem redistribuição social não tem nenhum problema com o capitalismo; ao contrário, é o outro lado do capitalismo, é a forma mais legítima de um Estado fraco. Essa é a razão pela qual o Banco Mundial e o FMI proõem e impõem essa forma de democracia." (SANTOS, 2007, p.87-88.)

[99] "En la filosofia política actual, por la situación de profundo pesimismo entre la izquierda desde el fin de la llamada 'Gerra fría', la posibilidad de la crítica se há tornado casi imposible. Hay como una incapacidad radical de iniciar una crítica cabal al estado de cosas en el que la humanidad há caído, en las manos irresponsables de un capitalismo tardío globalizado sin límites de ningún tipo, llegando a un salvajismo que nos arrastra al suicidio colectivo ecológico y al genocidio de las multitudes más pobles en el Sur – a las cuales se le asigna el destino de su simple extinción, dado que no pueden competir en el 'mercado' (nuevo espacio cai-metafísico desde Adam Smith hasta Friedrich Hayek, que pretende tener el derecho de juzgar la realidad o irrealidad de la existencia y la vida humana) de manera 'eficaz'" (DUSSEL, 2001, p.9.)

[100] "É claro que não concordo com Fukuyama, mas deparei com uma ironia reveladora num exemplar da resenha anual da Nesweek (uma daquelas edições idiotas que especulam sobre o futuro), na qual, por acaso, foram publicados textos de Huntingdon e Fukuyama. À primeira vista, eles se opõem claramente: Huntingdon enuncia sua tese do "choque de civilizações", enquanto Fukuyama afirma o fim da história e a extinção de todos os choques básicos e dos lembretes ideológicos. Nenhum dos dois é um pensador sério, mas, apesar disso, chegamos a um resultado interessante: a verdade deles está em lê-los juntos, como idênticos. Ou seja, o choque das civilizações é a política do fim da história. Quando já não existem lutas político-ideológicas propriamente ditas, qualquer luta só pode afigurar-se, de maneira totalmente mistificada, como um choque étnico ou religioso de civilizações. É essa a verdade básica da posição dos dois." (ZIZEK, 2006, p.196).

no sistema de controle social perpetuado pelas esferas penais, uma vez que o sistema penal de uma certa sociedade não deve ser encarado como um fenômeno isolado, sujeito apenas à suas próprias e endógenas leis. É, pois, parte de um sistema social complexo, compartilhando aspirações, defeitos, e sendo alvo das pressões ideológicas nos diversos campos de poder. Neste sentido, a futilidade de uma punição cruel e severa serão testadas inúmeras vezes, e aceita pela sociedade que clama por uma resolução rápida dos problemas sociais que lhe são apresentados, sendo a repressão o caminho mais fácil é o mais aceito, possibilitando uma ilusão de segurança que encobre os sintomas da doença social (RUSCHE; KIRCHHEIMER, 2004, p.282).

Ao certo, desde Malthus, seguido por Marx, tem-se a denúncia – que Lacan caracterizou como sintomática – das crises inerentes ao capitalismo. A crise que abala a sociedade é uma crise do capitalismo, ou melhor, uma "crise estrutural do capitalismo", segundo o diagnóstico de Gerárd Duménil e Dominique Lévy. As bolhas especulativas são as novas figuras que acentuam os resultados da mundialização feliz dos apóstolos da política de globalização neoliberal que dominam a atual esfera político-econômica global (NUNES, 2012, p.186). O setor financeiro impera e demanda, o que faz com que as instituições políticas e jurídicas sigam um caminho em torno do capital muitas vezes escuso: o impacto na esfera da instituição de controle social – polícia e direito penal – pode ser visto recentemente com a "pacificação' de inúmeras regiões no Rio de Janeiro.

O discurso declarado das agências de controle era de levar pacificação a regiões conflituosas na Guanabara, tomadas pelo controle paralelo dos traficantes que "aterrorizavam" à região impondo regras próprias de convívio social. Atualmente, com a "pacificação" (como se sabe, leia-se, invasão) de inúmeros morros do Rio de Janeiro[101], houve a modificação da vida social: para os mais ricos. Os moradores das favelas continuam sendo vítimas de truculência da própria agência de controle, que permanece no local com policiamento ostensivo, a fim de conferir segurança para quem agora ocupa os locais "privilegiados" das favelas. Os terrenos que possuem vistas magníficas para regiões privilegiadas da cidade hoje fazem parte da bolha especulativa imobiliária, tendo elevação considerável de preço. As próprias atividades festivas, como "bailes funk", atualmente frequentados por pessoas de classe média alta do Rio de Janeiro, daí os preços abusivos e proibitivos para os moradores da comunidade.

Este aspecto reforça o fator de gestão que o neoliberalismo impõe ao aparato penal, uma gestão da miséria em prol da circulação plena do

---

[101] "[...] as elites que sempre governaram o país usaram-nos historicamente, enquanto funcionários do estado, para os serviços mais difíceis, mais brutais e brutalizantes, inclusive algumas vezes para serviços sujos; usaram-nos e mantiveram-nos bem longe de qualquer coisa importante; bons para a porta da garagem, porém sem nenhum acesso à sala de visitas." (BATISTA, 1990, p. 170-171)

mistificado mercado. A face terrífica do controle social após a era industrial indica que as agências sancionatórias seguem uma pauta específica, determinada pela ideologia neoliberal, que monta um programa específico ao Estado e seus agentes, que cada vez mais adquirem função policialesca (CARVALHO, 2004, p.117).

Desta maneira, o Direito vira o reflexo do império da ideologia econômica vigente. O conceito de consumidor pode, assim, variar, substituindo a noção de cidadão ou de "sujeito de direito", no qual a inclusão deixa de ser a esfera jurídica e passa a ser a solvência em si (SANTOS, 2011, p.34-35).

Para que se acorde deste "sonho dogmático capitalista" e ver esta forma de apropriação ontológica proporcionada pelo capitalismo, deve-se voltar à velha frase de Brecht em "A ópera dos mendigos", na qual ele indaga o que seria o roubo de um banco comparado à fundação de um novo banco? Afinal, o que seria roubar uma quantia inimaginável de dólares e ir para cadeia, em comparação com a especulação financeira – ajudada pela generosidade sublime estatal – que acaba por privar inúmeras pessoas de suas casas e economias? O que seria um chefe guerreiro congolês em comparação com o *chairman* de uma empresa ocidental que é sensível ao problema do meio ambiente? Saramago, neste ponto, talvez foi o mais lúcido quando sugeriu que os responsáveis pela crise financeira global fossem indiciados por crimes contra a humanidade, e julgados no Tribunal de Haia (2012, p.93).

Inserido na alegoria do apocalipse, o neoliberalismo em sua faceta atual é um elemento que carrega sua ideologia de eficiência aos campos institucionais. Isto faz com que a afirmação da "Criminologia Crítica" de cunho marxista esteja correta – apesar de ter sido feita anteriormente por autores como Pashukanis[102] –, ou seja, o sistema penal está sim às ordens dos interesses econômicos, tutelando os bens jurídicos que possibilitem a circulação plena do capital. Todavia, esta concepção ainda é impulsionada pela sustentação epistemológica de um pensamento cada vez mais "único", com a eficiência da exclusão social, que retira do âmbito de discussão a própria superação do capitalismo, possibilitando a atrocidade de um "fim da história" cada vez mais próxima.

3. *Apocalypse Penal Redux:* O medo de ter medo do medo do Outro

---

[102] "A questão que se coloca é saber em quais circunstâncias tal sistema penal ainda será necessário. Se a prática penal do poder de Estado é em seu conteúdo e em seu caráter um instrumento de defesa da dominação de classe, em sua forma ela aprece como um elemento de superestrutura jurídica e integra-se no sistema jurídico como um de seus ramos". (PASHUKANIS, 1989, p.153).

Inserido no contexto da punição cotidiana e da lógica da repressão constante dos aparatos estatais, o medo é categoria *sine qua non* para a consolidação da paranoia alienante. Neste ponto, a figura de Ulrich Beck urge na discussão da denominada "Sociedade de Risco", principalmente a partir do lançamento de sua conhecida obra *Weltrisikogesellschaft: auf der Suche nach der Sicherheit verlorenen* ("Sociedade global de risco: na busca da esperança perdida", do título traduzido do original alemão).

Para o sociólogo, o risco tem uma dupla vertente, de oportunidade e de perigo. Esta ambiguidade é revelada pela necessidade de decisão que ele implica, que sopesa oportunidades e perdas. A possibilidade, portanto, da existência do risco ultrapassa a vertente de certezas, e incertezas, a dualidade é substituída por um trato com as incertezas, que demanda uma nova divisão de trabalho entre ciência, política e economia (BECK, 2007, p.23).

Justamente a partir da constante do risco, é visível a percepção pela qual o aspecto político apropria-se desta categoria para criar, no real e no simbólico, uma nova forma de biogestão. O fator "medo" é retomado com força máxima, principalmente pela esfera de controle social. Daí a constante discussão sobre maximização do Direito Penal – "Direito Penal do Inimigo", "Terceira Velocidade do Direito Penal", dentre outras propostas –, que surgiria como um elemento que daria o simulacro de segurança e respaldo a sensação de receio que embasa a vida social.

Este "amor pelo Direito Penal" é justificado psicanaliticamente. O conservadorismo liberal de Pierre Legendre sustentou outrora um posicionamento interessante das garras do sistema criminal burguês. O discurso jurídico é, por si só, um discurso de totalidade, somente possível a partir de um dogmático instrumento infalível: a "crença de amor": mitos, ficções jurídicas, de um sujeito jogado no mundo e amparado pela esperança, pela crença (1983, p.7-8).

A partir do exposto, é interessante notar a crítica que Slavoj Zizek realiza quanto ao posicionamento de Beck. De acordo com o filósofo, a própria terminologia já se encontra equivocada. Não existem escolhas, e quando há riscos, estes são passivos. Por exemplo, o colapso das companhias americanas Enron e Woldcom, seria injusto caracterizar o que aconteceu apenas nos termos da "sociedade de risco", uma vez que os empregados pobres não se dispuseram a correr risco algum, o que desautoriza a ideia de que hoje se é livre para escolher, e consequentemente correr riscos (ZIZEK, 2006, p.135).

Insta mencionar que a proposta de Beck que gira em torno de como a postura do indivíduo pós-moderno passou de "tenho fome" para "tenho medo" é revista por Zizek. Atualmente o que supostamente geraria medo não é a transparência causal das ameaças, mas a sua imanência (não se sabe até que ponto a coletividade provocou o perigo). Não se torna impotente diante de um Outro divino ou natural, torna-se impotente excessivamente e sem entender o próprio poder da coletividade. Beck, nesta tese, acerta no momento em que diz que surge como científico o problema, e, neste momento, abre-se possibilidade para novos riscos – os causados, justamente, pela ciência: a expressão de Wagner *Die Wunde schliesst der Speer nur, der Sie schlug* ("A ferida só pode ser curada pela lança que a causou") ganha nova relevância (ZIZEK, 2012, p.252).

Neste contexto, Slavoj Zizek utiliza-se de um exemplo cinematográfico para elucidar a questão da ficção em torno do mundo real. De acordo com o pensador, a mais recente paranoica fantasia americana é de um indivíduo que vive em um vilarejo paradisíaco da Califórnia, e que sem maiores justificativas, inicia uma indagação em torno da realidade do mundo no qual vive, que talvez seja tudo falso, um espetáculo montado para o convencer que vive em um mundo real, e que todos que vivem com ele são atores e extras em um espetáculo gigantesco. Isto é o que se vê no filme "O show de Truman", de 1998, com Jim Carrey, e em obras como a de Philip K. Dick *Time out of joint*.

O que tais exemplos artísticos demonstram em seus relatos é que a hiper-realidade criada nos paraísos artificiais é irreal, sem substância e matéria, um real de consumismo puro, inclusive consumo do que é o mundo em si (ZIZEK, 2003, p.27). A crescente ordem do medo propulsionada pelos aparelhos ideológicos estatais, como a escola e a mídia, e pelo próprio simulacro social é uma nova espécie de paranoia nos moldes do relatado acima. O indivíduo fica preso em uma espécie de vetor sentimental constante: o de que algo extremamente negativo pode acontecer a qualquer momento, logo, deve ele evitar ao máximo o risco.

Todavia, deve-se afirmar: o risco frente à esfera penal faz com que haja inúmeras manobras que violam preceitos de defesa do ser humano, a partir de uma logística, de uma gestão da miséria, que eleva a repreensão, o controle, sem buscar suas causas. Assim, a tese de Zizek, de que os riscos são criados pelas próprias pessoas que sofrem as consequências de seu simbolismo é extremamente precisa. A reação impensada contra o medo que circunda a sociedade pode ser vista nas condenações feitas cada vez mais pelos meios virtuais, com divulgação de imagens e consequente linchamento – eventos cada vez mais comuns, que expurgam não somente a revolta causada pelo simulacro de injustiça no Brasil [dizer que o Direito Penal não funciona é inverídico, ele funciona, para certa parcela populacional], mas também a vontade de reagir ao "medo" que circunda a sociedade[103].

E assim, a partir do simulacro de medo que é propagado, em uma

---

[103] "Conter a irracionalidade de um poder punitivo exercido sem limites é um capítulo conhecido da aventura humana. A expropriação da vingança das vítimas não se realizou para o exercício público da mesma vingança, mas sim para a utopia cambiante da justiça, lugar onde a celeridade , afora os erros que fomenta, costuma-se chamar linchamento" (BATISTA, Nilo, 2002, p.166).

"sociedade de risco" cada vez mais pulsante, reforça-se a segregação social, de territórios e de classes. Nas metrópoles dos países periféricos a segregação é uma estratégia de frieza social visível, naturalizando as violentas relações das classes subalternas, a partir de uma economia básica de distribuição dos espaços físicos e sociais (MENEGAT, 2012, p.11).

Ao certo, o fator medo deve ser superado a fins de se observar a aterrorizante barbárie impetrada pelo Estado penal, uma forma de assustar-se com as próprias consequências construídas pela sociedade, um misto de vergonha, terror e coragem, postura que Marx já apontava – no tocante à sociedade alemã – em "Crítica da Filosofia do Direito de Hegel"[104].

4. Aula 1: Inquisição – Malleus Maleficarum e as inquisições didáticas

Engana-se quem pensa que a possível salvação dos males da humanidade está na esfera punitiva. Todavia, o engano maior está em creditar instituições de ensino jurídico como capazes de alterar a realidade material da punição e da barbárie cotidiana. Sim, elas deveriam ser uma das responsáveis. Porém, há um hiato entre ter um dos papeis principais na peça e ser um bom intérprete. A começar pela própria obra deste "teatro repressivo": o Direito Penal Burguês vigente protege o patrimônio, fetichiza os sujeitos, e é inserido em um processo de reificação de tudo o que supostamente conhecemos.

Ensinar teoria penal em pleno século XXI, nas Universidades e Faculdades brasileiras, é um trabalho semelhante ao de Sísifo. Isto se dá não somente pelo estelionato ideológico realizado pela maioria dos profissionais da área, que atuam em prol de uma didática vazia que reforça a circulação de teorias em frente a criminalização capitalista, mas também pela própria construção do "conhecimento" na academia jurídica, cada vez mais padronizada em moldes esquematizados e simplificados, retirando a carga humanística e o debate social que deveriam ser a tônica do estudo normativo.

Disciplinas como "Teoria Social" (Sociologia), "Antropologia", "Ciência Política", "Filosofia", "Psicologia Jurídica", dentre outras que possuem matriz mais reflexiva também estão sendo alvo de, no mínimo, possíveis três fatores que podem ser elencados.

O primeiro é o descaso didático e metodológico que estas disciplinas vêm submetendo-se na crescente reformulação acadêmica nacional, sendo

---

[104] "É preciso tornar a pressão efetiva ainda maior, acrescentando a ela a consciência da pressão, e tornar a ignomínia ainda mais ignominiosa, tornando-a pública. É preciso retratar cada esfera da sociedade alemã como a *partie honteuse* [parte vergonhosa] da sociedade alemã, forçar essas relações petrificadas a dançar, entoando a elas sua própria melodia! E preciso ensinar o povo a se aterrorizar diante de si mesmo, a fim de nele incutir coragem." (MARX, 2010, p.148).

delegadas em muitas instituições à modalidade de ensino à distância (EAD); o segundo fator é a forma pela qual os profissionais que ministram tais disciplinas se veem no conjunto da obra docente, ou seja, delegados à uma posição secundária, uma acessoriedade nata ao próprio funcionamento de um curso jurídico "barato"; o terceiro fator se dá pelo desinteresse discente em disciplinas zetéticas, uma vez a gana simbólica de deixar-se seduzir previamente pela letra fria da lei, um desejo quase que cru que encontra seu ponto orgásmico no primeiro contato com um *Vade Mecum* – que simbolicamente representa um conjunto de regulamentações tão pesado quanto a opressão feita pela própria castração da norma.

A negação das disciplinas de formação básica acima delineadas faz com que a potencialidade (auto)crítica, e consequente importância social (de contrariar o próprio sistema classista inserido na norma), do curso de Direito seja subtraída, expurgada. Não seria equivocado falar que o curso em si termina no primeiro ano – se é que inicia –, no qual a maioria das matérias acima mencionadas é esgotada na grade, e passa-se ao contínuo estudo da pangeia normativa inserida no ordenamento jurídico nacional, reforçando a perversão social.

Ao se enquadrar isso na esfera do ensino das denominadas "Ciências Criminais", a situação ganha novos contornos. Em verdade, como se sabe, a paixão pela esfera penal é passível de ser identificada nos olhos dos alunos nos primeiros dias de faculdade, uma vez ser uma esfera que trabalha com graves situações, problemáticas fortes do ponto de vista social e afetivo, no qual o homem defronta-se com temáticas como a violência e os impactos jurídicos das desigualdades sociais. O imaginário é forte, e impulsionado por uma "Indústria Cultural" que estiliza todo o processo de criminalização, desde um *noir* investigativo até um drama de tribunal, passando pelo submundo dos programas policialescos: cria-se o real sedutor.

Não é incomum ao professor das matérias introdutórias a seguinte situação: narrando sobre a importância dos direitos humanos, ou ensinando matrizes teóricas mais humanistas, tece duras críticas ao sistema punitivo perpetuado pela polícia militar, ou aos linchamentos coletivos vistos no ódio urbano hodierno. A reação de parcela ou até mesmo da totalidade da turma é de contraposição imediata, relacionando a postura do profissional como uma certa modalidade de conveniência ao crime ou ao sujeito que o praticou. Dentre as explicações para tal situação pavorosa, está o resultado de anos de consumo dos produtos culturais punitivos, bem como das associações éticas e morais da socialização na qual está inserido.

Vale dizer, ainda, que dentro deste espeque didático, em termos econômicos, as instituições privadas valem-se da lógica do mercado para ofertarem ao consumidor o melhor produto – em termos de clara eficiência neoliberal[105]. Logo, o professor é transformado em um ser de repetição mimética, que promove o decorar, e cada vez é visto mais desconsiderado, desvalorizado e ironizado pelo próprio sistema que não o valoriza.

O profissional crítico se vê, muitas vezes, como um escravo do sistema, tendo que adotar e adorar obras sobre o sistema punitivo burguês que o reforçam e o impulsionam a punir ainda mais. Livros, manuais, cursos que são, ao certo, atualizações secularizadas de manuais inquisitoriais. Não foi a Idade Média a época das trevas, é agora.

O campo jurídico ainda lida com outro problema, em termos de corpo docente. É visível o despreparo da maioria do corpo educacional, muito pelo simulacro de competência por trás da roupagem jurídica. Em outros termos, muitas instituições ainda valorizam o docente não pela sua efetiva formação e conhecimento, mas pelo cargo que ocupa. Não é estranho observar em muitas instituições de ensino cargos docentes ocupados por inúmeros profissionais que vivem uma espécie de "vida dupla" – respeitado os limites que a carreira lhe impõe, na maioria das vezes –, na qual a academia vira uma espécie de vitrine profissional. Que fique claro, não se é contra o profissional que cumula outra atividade com a docente, e sim contrário ao profissional que se vale da sua roupagem funcional como única forma de capacitação frente a esfera didática.

Esta simbiose acima mencionada possui um impacto direto no ensino das ciências criminais. A roupagem funcional, na sua grande maioria das vezes, é acompanhada pela ideologia que ela carrega. Raros são os casos nos quais o indivíduo consegue separar o dever funcional da ideologia inserida na instituição que ele representa, como acontece na herança inquisitorial presente nas delegacias e varas criminais[106].

Slavoj Zizek oferece exemplo privilegiado que consegue exprimir o dito acima. O filósofo questiona: em termos filosóficos – em especial heidegerianos –, qual seria o significado preciso do "é" quando se lê em

---

[105] "É que a área jurídica tem passado por um extraordinário crescimento no Brasil, a princípio impulsionado pela política de ampliação de vagas na Universaidade por parte do governo militar, que as incrementou nas ditas ciências humanas e sociais, de implantação mais barata. Depois, pela decadência do ensino superior público trazida com a democratização, sobretudo neste atual governo, quando também continuam a ampliação de vagas e as instituições privadas passam a ter importância fundamental. Ora, pelo mesmo motivo de menores custos, a área de humanas e sociais continua em geral crescendo mais que as outras; o dado novo é que direito destaca-se ainda mais dentro dessa área, pois sua alta demanda social oferece retorno financeiro certo em relação aos baixos investimentos e as perspectivas de lucro rápido atraem os empresários do ensino." (ADEODATO, 2000.p.43-44).

[106] Neste ponto, vale a citação de Amilton Bueno de Carvalho sobre a magistratura: "Fique claro: as eventuais críticas à magistratura representam, antes de mais nada e acima de tudo, profunda declaração de amor a ela: acredito que o juiz pode e deve ser agente do processo de democratização da sociedade com potencialidade muito maior do que os próprios pensadores percebem. É amor e não ódio (ou "amoródio", como diria um psicanalista). É respeito e não desdém, é confiança na dignidade da função." (CARVALHO,2002, p.4.)

anúncios de filmes blockbuster afirmações como "Sean Connery é James Bond", ou "Matt Damon é Jason Bourne"? Ora, não seria apenas uma identificação íntima do personagem com o ator, de modo a não se conseguir imaginar outro o interpretando – como acontece com atores fadados à personagens únicos, como Mark Hammil, de Star Wars. O que se deve identificar não é a pretensão de identidade somente, mas a imagem que é passada na tela, para muito além da descrição do personagem e do ator: por exemplo, John Wayne ou Clint Eastwood como sujeitos durões do velho oeste. É essa imagem, e não o ator real, que se identifica com o personagem (ZIZEK, 2012, p.106).

Ao certo, a profissão jurídica (o personagem) é identificada com a imagem que ele reproduz: a imagem de um delegado de polícia; de um juiz criminal; ou de um advogado de "porta de cadeia". Cada personagem carrega, consigo, um simulacro representacional que está mergulhado em uma ideologia propagada pelo próprio imaginário repreensivo. Desta feita, antes de ser um indivíduo que atua no campo jurídico, dotado de constituição subjetiva própria, ele "é" delegado, juiz, promotor, advogado. O mesmo vale para a percepção que a sociedade possui do indivíduo que cometeu algum tipo de crime, o rótulo de criminoso[107].

Resta dizer que o intuito do presente escrito não é oferecer uma proposta miraculosa acerca da punição no Estado democrático de direito brasileiro. Não há solução que não parta de uma análise crítica e transdisciplinar da sociedade – e não exclusivamente do Direito. Refletir e acreditar que como um movimento de Harry Houdini os preceitos normativos terão o condão de alterar substancialmente a sociedade e concretizar a democracia em sua plenitude é reflexo sintomático de um vício em manuais e livros de auto-ajuda do campo jurídico, que constantemente alienam e confirmam os preconceitos e o "senso comum teórico" sem reconhecer as mazelas sociais nas quais se está inserido.

Fugir da ferida narcísica jurídica atual é confirmar um projeto ultraliberal de um mundo ilimitado, que se insere em um saber cada vez mais fragmentado, e numerizado, que se encontram presos pelas mentes dos ditos

---

[107] Atenção deve ser dada à pontuação de Jacinto Nelson de Miranda Coutinho. A impossibilidade de separação entre o dever funcional e a atividade pedagógica, por inúmeras vezes, produz uma corja de "homens bons", falsos moralistas que propagam práticas bárbaras e impulsionam a violação de preceitos de defesa do indivíduo a partir de um discurso calcado na defesa social: "O grave, porém, são os mercadores das imagens; homens da ordem; e da lei se lhes interessa; maniqueístas interesseiros porque, pensando-se do bem (são sempre os donos da verdade, que imaginam existir embora, cada vez mais, mostre-se como miragem), elegem o mal no diferente (em geral nos excluídos) e pensamos, no estilo nazista, em coisas como um Direito Penal do Inimigo. Personalidades débeis, vendem a alma ao diabo (ou a um deus qualquer como o mercado) para operar em um mundo de ilusão, de aparência, e seduzir os incautos. Parecem pavões, com belas plumas multicoloridas, mas os pés cheios de caracas" (COUTINHO, 2004, p.XVI.)

"especialistas", que, *per saltum*, precisam de outro especialista (MELMAN, 2003, p.71). Assim, dirige-se a tal especialista com saber científico de maneira quase sagrada, religiosa[108]. Neste espeque, os juristas, ainda entendendo que o direito deve seguir os ditames dos costumes, colocam-se na produção de manuais de felicidade, na certeza de sua pretensa investigação científica, dotados de um método e um objeto que futuramente proporcionarão uma fórmula conclusiva para a distribuição das necessárias liberdades e direitos fundamentais para os sujeitos úteis à circulação e reprodução das democracias de mercado (PHILIPPI, 2006, p.107-108).

A preocupação, portanto, é como o saber criminal está preso na realidade pedagógica atual. Os estudos realizados sobre o ensino do direito vem informando a defasagem acima citada, e os impactos diretos desta discrepância no seio social. Se é dado irrefutável que a formação do jurista vem prescindindo das demandas sociais contemporâneas, é fato que este modelo encontra respaldo na realidade da norma penal, que lhe oferece sustentáculo para continuar se desenvolvendo (CARVALHO, 2011, p.17).

Frente a ideologia e prática inquisitorialista que ainda encontra reprodução na academia – reforçando a lógica simbiótica da forma jurídica e da forma mercadológica como influxos ao aparato repressivo, uma leitura da "Criminologia Crítica" –, a alternativa proposta por Marcelo Ricardo Pereira, quanto à atividade pedagógica, parece acertada. Talvez o ato de ensinar deva ser mais provisório do que absoluto, mais contingente do que necessário, circunstancial que planejado.

Quem ensina exerce a função de "mestre", de resguardar a capacidade humana de reflexão, de produção de conhecimento, não tanto com base em técnicas pedagógicas recomendadas, que inflacionam muito mais do que conquistam, mas lastreado pela experiência que a vida proporciona, é ela que restitui a memória, as escolhas a lei, e induzem aos desejos. A autoridade do "mestre" não está no modo pelo qual ele supostamente detém um saber categórico e imutável – na hipótese do ensino das ciências criminais, não se dá também no fato da posição funcional o qual ocupa –, ou em um código moral inviolável, mas o modo pelo qual ele propulsiona o desejo do saber por também o deseja-lo: isto não reproduz, mas produz o pensamento (PEREIRA, 2008, p.200).

O atual ensino jurídico traz consigo um câncer no seu último grau de

---

[108] "A utilização da ciência como uma religião em lugar e posto da utilização do trabalho de elaboração da ciência como função paterna em exercício dá o modelo mesmo da configuração nova: dirigir-se ao saber como ao pai, antes que contar com a elaboração do saber como operação do terceiro. Ao nos dirigirmos à Ciência como antes nos dirigíamos ao Pai, uma confusão se instala: pois, se não fizemos o trabalho de identificar que, em seus enunciados, trata-se sempre do resultado de um trabalho de enunciação, é a um saber materno que de fato nos dirigimos. Por isso, o que o dispositivo social organizado em torno da ciência moderna privilegia é, no melhor dos casos, um endereçamento à função paterna da mãe, antes que um endereçamento ao pai." (LEBRUN, 2004, p.164).

metástase, que infesta cada vez mais o organismo no qual está inserido com uma mecânica na qual o pensamento crítico evapora – ou aonde ele nunca existiu e jamais irá aparecer. O fantasma ideológico está presente na prática docente, no ensino da esfera penal, como um refém nato do punitivismo nacional[109].

5. Aportes conclusivos

Conforme lembra Agostinho Ramalho (2013, p.57) a imposição do esquema mental binário é base estruturante da lógica repressiva, seja pelas categorias crime/mal X penal/castigo, ou crime/doença X penal/remédio, a intenção é perpetuar uma dualidade pautada na percepção da (a)normalidade. As políticas criminais vivem disso, mas não somente elas: todo simulacro que urge por graus superiores de punição abordam o maniqueísmo social como norte relevante para toda construção epistemológica e prática.
O Direito Penal encontra nesta via sua justificação: há doenças sociais a serem combatidas, profilaxias a serem concedidas.

Caminhando na contramão de Nietzsche, que mencionou em Genealogia da Moral o contexto no qual o poder e a consciência individual cresciam na sociedade, gerando como consequência a suavização do direito penal, se desenvolve novas ritualísticas de sofrimento, desde as clausuras contemporâneas até os expurgos à luz do dia nas capitais brasileiras.

Como pensar, assim, a própria noção de uma teoria da – ou sobre – a justiça? As apropriações da teoria marxista encontram respaldo prático quando outrora denunciaram, assim, que esta é um elemento ilusório do sistema normativo burguês e, outrossim, somente poderíamos pensar neste elemento a partir da justa troca – algo que não ocorre no sistema de circulação mercantil vigente.

A punição é, assim, um elemento apropriado pelo sistema econômico vigente, pautado em um pensamento único, cerceador e segregador social, adicionando ao dicionário do sofrimento novos verbetes. É na angústia da epistemologia penal contemporânea de quem ainda pensa novas formas de crítica que deve estar pautada a atuação: reconhecer um

---

[109] "Ora, no fundo, o que é necessário é parar de viver esse sonho e tratar de acordar para a realidade. Parar de viver esse sonho que vivemos a partir da manipulação discursiva. Mais ou menos aquilo que a gente vê, na porta dos campos de concentração dos nazistas. Pois saibam que o que mais me chocou no campo de concentração de Dachau, perto de Munique, na Alemanha, não foram os fornos crematórios, não foi o museu com aquele célebre frase de Santayana: *Coloro che non si ricordano del passato sono dondannati e reviverlo*. Não! O que mais me chocou foram os dizer na porta principal, que, por sinal, está escrito também, salvo engano, em Buchenwald, *arbit macht frei* – o trabalho liberta. Não há nada no mundo que seja mais significativo do que o golpe de linguagem; do que o giro de discurso; do que isso que está aí como lobo em veste de cordeiro." (COUTINHO, 2003, p.57.)

sistema racista, classista, machista e em expansão.

Desde o medo na retórica da vivência, até as grandes circulações bancárias, passando pela afirmação da existência de práticas de tortura medievais: o contexto da punição é um reflexo das práticas sociais no contexto capitalista. Somos solventes do nosso consumo punitivo?

REFERÊNCIAS

ADEODATO, João Maurício. *A expansão da pós-graduação em Direito e a necessidade de novas regras – A experiência o programa de pós-graduação em Direito da UFPE. Cadernos da Pós-Graduação em Direito da UFPA*. Jul/Dez 1988-89. N.14. vol.6. Belém: Programa de Pós-Graduação em Direito, 2000.

BATISTA, Nilo. *Punidos e mal pagos*. Rio de Janeiro: Revan, 1990.

_____. *Justiça e linchamento*. In: *Discursos sediciosos*. N.12. Rio de Janeiro: 2002.
BAUMAN, Zygmunt. *Globalização: as conseqüências humanas*. Rio de Janeiro: Jorge Zahar, 1999.

BECK, Ulrich. *Weltrisikogesellschaft: auf der Suche nach der verlorenen Sicherheit*. Frankfurt am Main: Suhrkamp, 2007.

CARVALHO, Amilton Bueno de. *O juiz e a jurisprudência: um desabafo crítico*. In: BONATO, Gilson (org.). *Garantias constitucionais e processo penal*. Rio de Janeiro: Lumen Juris, 2002.

CARVALHO, Salo de. *Anti-manual de criminologia*. Rio de Janeiro: Lumen Juris, 2011.

_____. *Tântalo no Divã (Novas críticas às reformas no sistema punitivo brasileiro)*. *Revista Brasileira de Ciências Criminais*. Ano 12. Set-Out. n.50. São Paulo: Revista dos Tribunais, 2004.

COUTINHO, Jacinto Nelson de Miranda. *Prefácio*. In: LOPES JR, Aury. *Introdução crítica ao processo penal: fundamentos da instrumentalidade garantista*. Rio de Janeiro: Lumen Juris, 2004.

_____. *O papel da jurisdição constitucional na realização do Estado Social*. In: *Revista de Estudos Criminais*. N.10. Porto Alegre: 2003.

_____. *O furo inevitável do pensamento único*. In: _____ (org et al.). *Constituição e estado social: os obstáculos à concretização da Constituição.* São Paulo: Revista dos Tribunais, 2008.

_____. *Jurisdição, psicanálise e o mundo neoliberal.* In: _____. (et.at.). *Direito e neoliberalismo: elementos para uma leitura interdisciplinar.* Curitiba: EDIBEJ, 1996
DUFOUR, Dany-Robert. *A arte de reduzir as cabeças: sobre a nova servidão na sociedade ultraliberal.* Rio de Janeiro: Companhia de Freud, 2005.

DUSSEL, Enrique. *Hacia uma filosofia política crítica.* Bilbao: Desclée, 2001.
LACAN, Jacques. *Conference à l'université de Milan.* 12 de maio de 1972, aula inédita.

_____. *O seminário 17: o avesso da psicanálise.* Rio de Janeiro: Jorge Zahar, 2003.

_____. *O seminário 23: o sintoma.* Rio de Janeiro: Jorge Zahar, 2003.

LEBRUN, Jean-Pierre. *Um mundo sem limite: ensaio para uma clínica psicanalítica do social.* Rio de Janeiro: Companhia de Freud, 2004.

LEGENDRE, Pierre. *O amor do censor: ensaio sobre a ordem dogmática.* Rio de Janeiro: Forense, 1983.

MARX, Karl. *Crítica da filosofia do Direito de Hegel.* São Paulo: Boitempo, 2010.
MELMAN, Charles. *O homem sem gravidade: gozar a qualquer preço.* Rio de Janeiro: Companhia de Freud, 2003.

MENEGAT, Marildo. *Estudos sobre ruínas.* Rio de Janeiro: Revan, 2012.

NETO, Agostinho Ramalho Marques. *A censura da expressão linguageira e a hipertrofia do direito penal a serviço do "politicamente correto".* In: VESCOVI, Renata (org.). *Psicanálise e Direito: uma abordagem interdisciplinar sobre Ética, Direito e Responsabilidade.* Rio de Janeiro: Companhia de Freud, 2013, p.51-70.

NUNES, António José Avelãs. *A crise atual do capitalismo: crise esperada e quase programada. Revista dos Tribunais.* Ano 101. Vol. 918. Abril/2012. São Paulo: Revista dos tribunais, 2012.

PASHUKANIS, Evgeni Bronislanovich. *A teoria geral do direito e o marxismo.* Rio de Janeiro: Renovar, 1989.

PEREIRA, Marcelo Ricardo. *A impostura do mestre.* Belo Horizonte: Argumentum, 2008.

PHILIPPI, Jeanine Nicolazzi. *A fora e a força da Lei: reflexão sobre um vazio.* In: COUTINHO, Jacinto Nelson de Miranda (org.). *Direito e psicanálise: interseções a partir de "O estrangeiro" de Albert Camus.* Rio de Janeiro: Lumen Juris, 2006.

RUSCHE, Georg; KIRCHHEIMER, Otto. *Punição e estrutura social.* 2 ed. Rio de Janeiro: 2004.

SANTOS, Boaventura de Sousa. *Renovar a teoria crítica e reinventar a emancipação social.* São Paulo: Boitempo, 2007.

_____. *Os processos de globalização.* In: _____(org.). *Globalização e as ciências sociais.* 4 ed. São Paulo: Cortez, 2011.

ZIZEK, Slavoj. *Vivendo no fim dos tempos.* São Paulo: Boitempo, 2012.

_____. *Bem-vindo ao deserto do real.* São Paulo: Boitempo, 2003.

ZIZEK, Slavoj; DALY, Glyn. *Arriscando o impossível: conversas com Slavoj Zizek.* São Paulo: Martins Fontes, 2006.

5

LIMITES À LIBERDADE DE EXPRESSÃO SEGUNDO A JUSTIÇA COMO EQUIDADE DE RAWLS

Emanuel José Lopes Pepino

1. Introdução. 2. A Liberdade de Expressão. 3. John Rawls e a Justiça como Equidade. 4. Alguns Limites para a Liberdade de Expressão. 5. Considerações Finais.

SUMÁRIO: A liberdade de expressão é um princípio basilar de qualquer estado que se pretenda democrático. Como qualquer princípio, a liberdade de expressão não é absoluta, pode e deve ser limitada quando entra em conflito com outros princípios. Todavia a polarização política/ideológica que parece ter assolado o Brasil e o mundo nos últimos anos levanta um risco muito concreto: a criminalização de discursos da oposição por serem da oposição, ou seja, a limitação da liberdade de expressão com base em critérios político/ideológicos. A intenção deste trabalho é discutir quais são as limitações aceitáveis para a liberdade de expressão tendo por base os parâmetros da justiça como equidade proposto por John Rawls. Para tanto o trabalho se divide em três partes: inicialmente discute a importância da liberdade de expressão e sua forma de materialização; em seguida apresenta de maneira sucinta a teoria de Rawls; para finalmente fazer uma análise crítica de alguns casos que ocorreram e verificar quais as posturas são aceitáveis segundo a teoria da justiça como equidade.

1. INTRODUÇÃO

Ernest Rennan analisa que o único elemento essencial para a existência de uma alma nacional, um princípio espiritual, que vem a se materializar em dois elementos específicos: a existência de um rico passado comum e a vontade de continuar a viver em conjunto. O culto aos ancestrais é importante, uma vez que é a ideia desse passado glorioso que serve como base para a construção da ideia de nacionalismo. Além disso, é a ideia contínua de manutenção da permanência comum que permite a compreensão do interesse legítimo da nação: o único critério legítimo para a decisão de um governo é efetivamente a vontade popular – o que leva o autor a fazer a metáfora de que a existência de uma nação é um processo de plebiscitos todos os dias (RENNAN, 1882). Proferida no século XIX, a conferência de Rennan ainda ecoa como incrivelmente atual: as eleições para a presidência dos Estados Unidos de 2016 são um exemplo magistral de como a imagem de um passado glorioso, invocada pelo slogan vencedor *Make America Great Again*, ainda tem importância apesar da globalização (ou justamente contra a globalização, mas isso é uma outra discussão). No contexto deste trabalho, o que nos interessa é a segunda parte proposta por Rennan: parte essencial para a existência de uma nação é o interesse legítimo da população de se manter unida através da vontade geral.

Quando falamos de vontade geral é inevitável voltarmos a Rousseau, que defendia que cada membro da população é parte indivisível de um todo, todo esse indispensável para se alcançar a vontade geral, vontade geral que, por sua vez, é a base para a criação do pacto social (ROUSSEAU, 1762). Rousseau reconhece que a vontade geral é infalível, mas que a existência de grupos de cidadãos pode prejudicar a busca pela vontade geral – uma vez que a vontade das associações se torna independente da vontade de seus membros e as deliberações feitas com base nas opiniões retiradas dessas associações acaba por buscar o interesse privado típico da vontade de todos, e não o interesse comum que funda a vontade geral. Logo, seguindo os ensinamentos do mestre francês, é indispensável que cada cidadão opine apenas por si mesmo, evitando a existência de associações paralelas ao Estado (ROUSSEAU, 1762)[110].

---

[110] Nas palavras do autor: " I L I M P O R T E *donc pour avoir bien l'énoncé de la volonté générale qu'il n'y ait pas de société partielle dans l'Etat & que chaque Citoyen n'opine que d'après lui*

Isso nos leva a uma conclusão essencial: associações particulares que existem em um Estado tendem a defender seus próprios interesses, então uma associação particular que busque informar a população não o fará de maneira desinteressada, mas sim de modo a apresentar uma agenda e interesse próprios. Porém, a democracia só funciona se a população estiver devidamente informada.

Podemos então afirmar que a liberdade de imprensa é fundamental para uma sociedade democrática, pois é a imprensa que tem a função de informar a população. O problema é que a informação através de um grupo midiático é uma informação advinda de uma associação privada e nunca será neutra. Não importa qual é a fonte da notícia, sempre há uma agenda por detrás. Nesse contexto, além da liberdade de imprensa é fundamental para uma democracia a liberdade de expressão, onde o próprio cidadão possa diretamente expressar sua vontade, sem necessitar de intermediários.

Considerando a importância da liberdade de expressão para a democracia, buscamos fazer uma análise dos possíveis conflitos entre direitos que envolvem a liberdade de expressão fugindo do lugar comum que é a solução casuística: tentaremos materializar a teoria da justiça como equidade de John Rawls, com sua ordem lexicográfica, a esses conflitos.

Para tanto dividimos o trabalho em três etapas: (1) discutimos a importância da liberdade de expressão e sua forma de materialização; (2) apresentamos de maneira sucinta a teoria de Rawls; (3) fazemos uma análise crítica de alguns casos que ocorreram e verificamos quais as posturas são aceitáveis segundo a teoria da justiça como equidade.

2. A LIBERDADE DE EXPRESSÃO

A ideia desta passagem é tentar estabelecer uma concretude básica ao princípio da liberdade de expressão. Algumas das distinções aqui propostas são óbvias, mas indispensáveis para a terceira fase deste trabalho.

A liberdade de expressão se distingue da liberdade de pensamento, por ser mais ampla que a mesma. Mais do que meramente prever que as pessoas têm o direito de pensar o que quiserem, a liberdade de expressão engloba o direito de apresentar essa ideia, o que não significa apensar o direito de falar e expressar uma opinião, mas o direito de ser ouvido pelos demais e o direito de ouvir os demais (CANOTILHO; MOREIRA, 2007, p. 573; CARBONELL, 2008, p. 27 e 28; JOUANJAN, 2009, p. 867 e 868; MENDES; BRANCO, 2015, p. 263; MIRANDA; MEDEIROS, 2010, p. 848

[...]"(ROUSSEAU, 1762). Tradução livre: "É importante, para que seja encontrada a vontade geral, que não haja sociedade parcial dentro do Estado e que cada cidadão opine apenas por si mesmo [...]".

a 850; SARMENTO, 2013, p. 256) [111]. Mill deixa claro que a função da liberdade de expressão é a possibilidade de ideias apresentadas serem refutadas e a falta dessa refutação é a única condição que permite encontrar a verdade (MILL, 1859)[112], o que claramente pressupõe a possibilidade de ser ouvido ao expressar uma opinião.

Existe uma distinção entre expressão e conduta, ainda que essa distinção não seja absoluta. Portanto, defender uma alteração legislativa não é, por si só, violar a lei. No entanto, existem algumas atitudes que, ao serem tomadas, podem ficar em uma linha tênue entre a liberdade de expressão e uma possível conduta criminosa, afinal a liberdade de expressão não se limita à palavra escrita ou falada e pode assumir um caráter simbólico (CANOTILHO; MOREIRA, 2007, p. 575; CARBONELL, 2008, p. 28; JOUANJAN, 2009, p. 873; MENDES; BRANCO, 2015, p. 264; SARMENTO, 2013, p. 256).

Quando tentamos entender se certos atos podem ser considerados como um discurso – e assim receberem a proteção da liberdade de expressão – a Suprema Corte Americana possui um parâmetro interessante: (1) a lei precisa ser constitucional; (2) a lei precisa proteger um interesse substancial do governo; (3) esse interesse precisa não estar relacionado com a limitação do discurso; (4) a proibição deve se limitar ao que é essencial para a proteção do interesse do governo. No caso *United States v. O'Brien*, onde esse parâmetro

---

[111] Para este trabalho não achamos relevante a distinção entre o direito de expressar opinião (que foca em opiniões) e o direito de informação (que pressupõe a transmissão de fatos) uma vez que o tratamento dado a ambos os direitos é o mesmo e diferenciar o que é fato do que é opinião pode ser complicado. Para uma análise de como a diferença entre fatos e opiniões pode causar prejuízos no ato de julgar, recomendamos o texto de Bolaños (2002) que discute o prejuízo de utilizar a opinião pública acerca da adoção homossexual como um fato empírico ao analisar o caso *Fretté v. France* da Corte Europeia de Direitos do Homem. Para uma distinção de fatos e opiniões tendo por base o direito alemão e as consequências dessa distinção, nomeadamente a não extensão da proteção a declarações de fato que são falsas, recomendamos JOUANJAN (2009, p. 869 a 873). Falando especificamente do direito norte americano, Farber (2009) explica a distinção entre em que contextos um discurso pode ser considerado protegido pela Primeira Emenda à Constituição Americana (e, portanto, inviolável) e quando o discurso não pode ser considerado protegido (portando sendo passível de punição).

[112] Nas palavras do autor: "[...] *There is the greatest difference between presuming an opinion to be true, because, with every opportunity for contesting it, it has not been refuted, and assuming its truth for the purpose of not permitting its refutation. Complete liberty of contradicting and disproving our opinion, is the very condition which justifies us in assuming its truth for purposes of action; and on no other terms can a being with human faculties have any rational assurance of being right*" (MILL, 1859). Tradução livre: "[...] Essa é a grande diferença entre presumir que uma opinião é verdadeira, porque com todas as oportunidades para ser contestada, não foi; e assumir que é verdadeira para o propósito de não permitir sua refutação. Completa liberdade para contradição e refutação de nossa opinião é a condição essencial para assumirmos que nossa opinião é verdade para o propósito de agir; e em nenhum outro termo pode um ser com faculdades humanas ter qualquer garantia racional de estar certo".

foi estabelecido, não foi reconhecido como liberdade de expressão o direito de manifestantes contrários à Guerra do Vietnã queimarem o certificado de registro militar seletivo em ato público (ESTADOS UNIDOS DA AMÉRICA, 1968), o que questiona a utilidade prática desse critério para identificar quando atitudes se assemelham a palavras. Contudo, decisões posteriores demonstraram como esse critério pode ser útil, por exemplo, a decisão do caso *Cohen v. California* reconhece como liberdade de expressão o direito de portar frases de baixo calão contra políticas públicas correlacionadas com a Guerra do Vietnã em repartições públicas (ESTADOS UNIDOS DA AMÉRICA, 1971) ou o *Texas v. Johnson* que reconhece a queima de uma bandeira americana dentro do contexto de uma manifestação política pode sim ser considerada um ato protegido dentro do direito à liberdade de expressão (ESTADOS UNIDOS DA AMÉRICA, 1989).

Dessa forma, formou-se o entendimento que para identificar se determinado ato é um discurso simbólico ou não: "*Given the context of an organized demonstration, speeches, slogans, and the distribution of literature, anyone who observed appellant's act would have understood the message that appellant intended to convey*" (ESTADOS UNIDOS DA AMÉRICA, 1989)[113], adotaremos esse critério para a diferenciação do discurso simbólico para os efeitos deste trabalho.

Por fim, convém discutir se a liberdade de expressão deve ser entendida como um direito que gere meramente obrigações negativas ao Estado, ou se é possível o reconhecimento da atuação Estatal legítima. Inevitavelmente o princípio correlacionado com a liberdade de imprensa encontra amparo com a liberdade de expressão. Portanto, quando pensamos nas obrigações negativas correlacionadas com a liberdade de expressão, pensamos a grosso modo na proibição da censura por parte do Estado. Por outro lado, podemos pensar que o Estado tem uma obrigação positiva de garantir a todos a liberdade de expressão que pode se estender inclusive a uma regulação estrita da liberdade de imprensa, afinal se concordarmos com Rousseau que todas as associações apresentam apenas parte da verdade, o Estado teria a obrigação, por exemplo, de impedir o monopólio das redes de comunicação para garantir o potencial acesso de todos os grupos sociais à representação na mídia, não apenas aos grupos majoritários (CANOTILHO; MOREIRA, 2007, p. 572 e 573; MENDES; BRANCO, p. 267 e 268; MIRANDA; MEDEIROS, 2010, p. 847; SARMENTO, 2013, p. 256 e 257).

Concordamos que a liberdade de imprensa não é um princípio absoluto, como os demais é limitado e pode ser regulado pelo Estado. Contudo, o controle da mídia é um tema deveras complexo que extrapola a intenção deste

---

113 Tradução livre: "Dado o contexto de uma demonstração organizada, discursos, slogans e a distribuição de literatura, qualquer um que observasse o ato do apelante teria entendido a mensagem que o apelante tinha a intenção de transmitir".

trabalho. Nosso foco específico se relaciona com os limites à atuação negativa do Estado, razão pela qual deixamos a discussão da regulamentação da mídia para outro momento.

3. JOHN RAWLS E A JUSTIÇA COMO EQUIDADE

Rawls considera a justiça o fundamento último de toda a organização social humana, nesse sentido a busca por uma sociedade justa é a intenção última que fundamenta a melhoria de instituições sociais: mesmo que uma lei ou instituição seja eficiente e bem organizada, deve ser reformada ou abolida de for injusta (RAWLS, 2008, p. 4). A dificuldade de fundar a atuação da sociedade em um conceito como a justiça é estabelecer o que é justiça em uma sociedade plural, e especificamente cria uma forma de perceber a justiça que possa ser expressa de maneira simples e incondicionada, podendo ser aplicada a qualquer sociedade e em qualquer circunstância (RAWLS, 2008, p. 152). Buscando alcançar tal conceito, o autor parte de inspiração declaradamente contratualista (RAWLS, 2008, p. 13), mas sem a intenção de estabelecer uma sociedade particular ou uma forma de governo especifica: a ideia é encontrar um consenso sobre os pressupostos básicos a serem respeitados no momento da criação das estruturas que regulamentaram a vida social - incluindo aqui o texto constitucional (RAWLS,2008, p. 14), nos termos do autor: "[..] o teor do acordo pertinente não é formar determinada sociedade ou adotar determinada forma de governo, mas aceitar certos princípios morais [...]" (RAWLS, 2008, p. 19).

Se prestarmos atenção nas tradições contratualistas, percebemos que elas se dividem em duas fases distintas: (1) a explicação para o momento pré-contratual, com as dificuldades encontradas naquele momento; (2) a solução para essas dificuldades como forma de estruturar a sociedade.

O estado de natureza apontado por Hobbes parte do pressuposto de que a igualdade extrema é um problema para a sociedade, uma vez que é a igualdade na capacidade de matar e no medo da morte violenta que efetivamente tornam todos iguais e um estado em que todos fossem iguais geraria a guerra de todos contra todos; situação que só poderia ser superada com a formulação de um estado desigual, superior aos demais – o que justifica, na visão do autor, a manutenção de uma monarquia absolutista (HOBBES, 1651).

Rousseau parte do pressuposto de que, no estado de natureza, o homem é bom e é a sociedade que o corrompe ao ter formulado um contrato social de estilo hobbesiano, daí a necessidade de formular um novo contrato social que tenha por base a vontade geral e não o medo, garantindo assim liberdade para a população (ROUSSEAU, 1762).

Seguindo a tradição contratualista, Rawls imagina uma situação anterior hipotética que tem a função de justificar um consenso com relação aos princípios de justiça a serem decididos. Para compreendermos a posição original formada pelo véu de ignorância, precisamos entender quais são as condições consideradas pelo autor.

As circunstâncias objetivas pressupõem que muitos indivíduos de capacidades físicas e mentais equivalentes convivam em um mesmo território com recursos moderadamente limitados de tal modo que "[...] embora arranjos mutuamente vantajosos sejam possíveis, os benefícios gerados por eles ficam aquém das demandas que as pessoas fazem" (RAWLS, 2008, p. 154).

As circunstâncias subjetivas estão relacionadas com as pessoas e presumem que cada pessoa tem um plano de vida próprio, digno de reconhecimento e merecedor de satisfação, o que cria uma pluralidade político-filosófica-religiosa na sociedade (RAWLS, 2008, p. 154 e 158).

A junção das circunstâncias objetivas com as subjetivas forma o que Rawls chama de circunstâncias de justiça - elementos sem os quais a justiça ou não seria possível (uma vez que não haveria condições para cooperação) ou não seria necessária (se a cooperação não for necessária porque os bens existentes suprem todas as demandas presentes) (RAWLS, 2008, p. 155 a 158).

Para que o consenso sobre o conceito social de justiça seja alcançado, é necessário considerar que as pessoas envolvidas façam escolhas racionais. Nesse sentido, racionalidade é a escolha dos meios mais eficientes para alcançar determinados fins, fins esses que não são estabelecidos de antemão, evitando assim a inclusão de elementos que cunho ético (RAWLS, 2008, p. 17). O que afasta Rawls de teorias contratualistas mais tradicionais é que enquanto Hobbes e Rousseau fazem escolhas éticas claras com relação à natureza humana (considerada ruim e boa, respectivamente), a intenção do teórico americano é criar um princípio de justiça que independa de questões éticas.

Chegamos então à conclusão que na posição original o pressuposto é que os planos pessoais sejam racionais e de longo prazo, que eles não possuam entre si vínculos morais prévios e não estejam dispostos a sacrificar seus interesses pessoais em detrimentos dos outros (RAWLS, 2008, p. 156 e 157). O véu de ignorância é um pressuposto teórico que impede os agentes racionais envolvidos no processo de busca dos princípios de justiça de conhecerem suas condições físicas (tais como sexo ou condições gerais de saúde), econômicas (ser rico ou pobre, por exemplo) ou sociais (pertence a grupos majoritários ou minoritários etc.). A intenção dessa limitação de conhecimentos sobre si próprio e sobre a sociedade que vai ser criada é para "[...] excluir os princípios que seria racional alguém propor para aceitação, por menor que fosse a possibilidade de êxito, se essa pessoa conhecesse certos fatos que, do pontos de vista da justiça, são irrelevantes [...]" (RAWLS,

2008, p. 22).

A intenção da posição original proposta por Rawls com o véu de ignorância é estabelecer princípios da justiça, que por sua vez são

[...] aqueles que pessoas racionais interessadas em promover seus interesses aceitariam em condições de igualdade, quando não há ninguém que esteja em vantagem ou desvantagem em razão de contingências naturais ou sociais (RAWLS, 2008, p. 23).

Entendidos os pressupostos básicos que organizam a posição original, passamos a analisar a criação da construção teórica que permite superar essa posição. O autor elenca restrições formais ao conceito de justo, que são: os princípios serem gerais (o que engloba uma aplicação incondicional e uma possibilidade de conhecimento por qualquer indivíduo em qualquer geração) (RAWLS, 2008, p. 159 e 160), universalmente aplicáveis (RAWLS, 2008, p.160 e 161), públicos (RAWLS, 2008, p.161 e 162), capazes de impor às reinvindicações conflitantes uma ordenação (RAWLS, 2008, p. 162 e 163) e serem a última instância de apelação do raciocínio prático - se sobrepondo aos ditames da lei, dos costumes e até mesmo das regras sociais (RAWLS, 2008, p. 163 e 164). Nas palavras do autor:

> [...] a concepção do justo é um conjunto de princípios, gerais na forma e universais na aplicação, que deve ser publicamente reconhecido como última instância de apelação para a ordenação das reinvindicações conflitantes de pessoas morais [...] (RAWLS, 2008, p. 164).

Dito isso, resta-nos analisar quais são os princípios de justiça postulados por Rawls. A versão final é a seguinte:

Primeiro Princípio
Cada pessoa deve ter um direito igual ao mais abrangente sistema total de liberdades básicas iguais que seja compatível com um sistema similar de liberdades para todos.
Segundo Princípio
As desigualdades econômicas e sociais devem ser ordenadas de tal modo que a que tanto:
(a) se estabeleçam para o máximo benefício possível dos menos favorecidos que seja compatível com as restrições do princípio de poupança justa, como
(b) estejam vinculadas a cargos e posições abertos a todos em condições de igualdade eqüitativa de oportunidades.
Primeira Regra de Prioridade (a Prioridade da Liberdade)
Os princípios da justiça devem ser dispostos em ordem lexical e, portanto, só se podem restringir as liberdades básicas em nome da própria liberdade. Existem dois casos:
(a) uma liberdade menos extensa deve fortalecer o sistema total de liberdades

partilhado por todos;

(b) uma liberdade desigual deve ser aceitável para aqueles que têm menor liberdade.

Segunda Regra da Prioridade (A Prioridade da Justiça sobre a Eficiência e o Bem-Estar)

O segundo princípio da justiça precede lexicalmente o princípio da eficiência e o princípio da maximização da soma de vantagens; e a igualdade eqüitativa de oportunidades precede ao princípio da diferença. Existem dois casos:

(a) a desigualdade de oportunidades deve aumentar as oportunidades daqueles que têm menos oportunidades;

(b) uma taxa elevada de poupança deve, pesando-se tudo, mitigar o ônus daqueles que carregam esse fardo (RAWLS, 2008, p. 376).

Encontramos no primeiro princípio uma aproximação de Rawls ao conceito de liberdade defendido por Locke e não por Hobbes. Thomas Hobbes defende que liberdade é "[...] a inexistência de impedimentos externos, impedimentos que tiram o poder do homem de fazer o que ele quer [...]" (HOBBES, 1651)[114], nesse contexto justiça e injustiça não são relevantes nem podem ser encontrados, e o resultado inexorável dessa liberdade extrema é a guerra de todos contra todos (HOBBES, 1651).

Por outro lado, John Locke, em um claro discurso jus naturalista, reconhece que no estado de natureza existe a razão como lei soberana que ensina a humanidade que "[...] todos os serem são iguais e independentes, logo ninguém tem o direito de prejudicar o outro em sua vida, saúde, liberdade ou propriedade [...]" (LOCKE, 1690)[115]. Enquanto, herdeiro intelectual de Locke, a compreensão para a liberdade de Rawls é uma liberdade cooperativa, não o direito de fazer o que quiser para sua autopreservação, mas sim uma liberdade entendida como parte de uma comunidade, onde todos possuem os mesmos direitos sem a possibilidade de uma pessoa se sobrepor a outra a menos que isso fortaleça a comunidade como um todo (RAWLS, 2008, p. 135 e 136).

Nessa perspectiva, não é difícil entender que esse primeiro grupo de liberdades é amplo, mas o próprio autor se compromete em destacar quais são as principais liberdades abrangidas no grupo:

> [...] a liberdade política (o direito ao voto e a exercer cargo público) e a liberdade de expressão e reunião; a liberdade de consciência e de pensamento; a liberdade individual, que compreende a proteção contra a opressão psicológica, a agressão e a mutilação (integridade da pessoa); o direito à propriedade pessoal e a proteção contra prisão e detenção

---

[114] Em tradução livre. No original do autor: "[...] the absence of external impediments; which impediments may oft take away part of a man's power to do what he would [...]".

[115] Em tradução livre. No original do autor: "[...] being all *equal and independent*, no one ought to harm another in his life, health, liberty, or possessions [...]"(Locke, 1690).

arbitrárias, segundo o Estado de Direito. O primeiro princípio estabelece que essas liberdades devem ser iguais (RAWLS, 2008, p. 74).

Antes de passarmos à análise do segundo princípio, precisamos entender como a lógica entre esses princípios se estabelece. Para evitar o arbítrio exagerado, ou seja, que os princípios da justiça sejam aplicados de qualquer maneira, Rawls destaca a necessidade de discutir uma ordem de prioridades onde os princípios sejam aplicados, ou seja, o primeiro princípio da ordenação deve ser satisfeito antes do segundo ser analisado. A essa ordem ele chama de ordem serial ou lexicográfica (ou "lexical" como foi traduzida em português) (RAWLS, 2008, p. 51 e 52)[116].

A ordem lexicográfica impede a ponderação de determinados princípios entre si, os direitos derivados do primeiro princípio de justiça sempre serão superiores aos defendidos no segundo, não é uma escolha nem uma possibilidade de ponderação por parte do agente. Por isso, é proibida a troca entre liberdades básicas, protegidas pelo primeiro princípio, e ganhos sociais e econômicos, encontrados no segundo (RAWLS, 2008, p. 76).

Por que a prevalência do primeiro princípio, que defende a liberdade, sobre o segundo, que defende a igualdade? A intenção declarada de Rawls é ultrapassar o utilitarismo, impedindo qualquer tipo de questionamento que queira fundamentar a diminuição da liberdade de alguns para a obtenção de um bem maior para a sociedade.

O segundo princípio da justiça reconhece que o princípio da eficiência não pode servir sozinho como um princípio de justiça. A intenção então é criar um sistema que "[...] não deve instituir e garantir as perspectivas mais atraentes dos que estão em melhor situação, a não ser que isso seja vantajoso também para os menos afortunados" (RAWLS, 2008, p. 91).

É criado um certo equilíbrio reflexivo entre os princípios da justiça e a posição original. É esse equilíbrio que permite a compreensão de "[...] princípios da justiça são definidos por acordo em uma situação inicial que é eqüitativa" (RAWLS, 2008, p. 15) o que justifica a utilização da expressão "justiça como equidade".

4. ALGUNS LIMITES PARA A LIBERDADE DE EXPRESSÃO

Ao colocar a liberdade de expressão como um dos direitos protegidos em seu primeiro princípio, Rawls deixa claro que podem ser impostos limites

---

[116] Rawls reconhece que a articulação feita entre princípios de justiça é muitas vezes intuitiva, a intenção da ordem lexicográfica não é acabar com o papel da intuição (e toda a subjetividade que vem atrelada), apenas ser um dos mecanismos que vão limitar sua atuação (RAWLS, 2008, p. 49 e seguintes).

à liberdade de expressão, mas que esses limites precisam se basear em conflitos com outras liberdades, especificamente com outras liberdades. Nesse contexto, passamos a analisar alguns casos hipotéticos sobre limites à liberdade de expressão. A ideia não é esgotar o tema, apenas testar a teoria de Rawls perante alguns conflitos de direito.

Ao final do segundo semestre de 2016, várias escolas brasileiras foram invadidas por estudantes que protestavam contra a PEC 55. Desejando expressar sua indignação contra as mudanças na educação ponderadas pelo projeto de Emenda, os estudantes foram às ruas e fecharam uma grande rua ou avenida de determinada cidade[117] - fechar ruas é uma prática muito comum de manifestações no Brasil.

Nesse caso concreto, analisamos um conflito entre a liberdade de expressão dos manifestantes e a liberdade de locomoção das pessoas presas no trânsito, logo se trata de um conflito dentro do primeiro princípio de Rawls. A questão é: pode a manifestação fechar a rua?

A resposta para essa pergunta é pode, mas não integralmente.

Proibir a manifestação de fechar a rua é uma limitação do direito de expressão que, na prática impediria a manifestação efetiva. Em uma grande cidade como temos no Brasil, uma manifestação na calçada não causa impacto, na prática proibir a manifestação de interromper, ao menos parcialmente, o fluxo de veículos é efetivamente impedir a liberdade de expressão frente à liberdade de locomoção, o que diminui o sistema total de liberdades partilhadas por todos – que é a primeira parte da primeira regra de prioridade de Rawls. Da mesma forma, permitir o bloqueio integral da rua pela manifestação é, efetivamente, impedir a liberdade de locomoção frente à liberdade de expressão, o que também que diminui o sistema total de liberdades partilhadas por todos – que é a primeira parte da primeira regra de prioridade de Rawls[118].

Dessa forma, a solução viável é a aceitação do fechamento parcial da rua, o que não só respeita os pressupostos da primeira regra de prioridade de Rawls, como também vai de acordo com a ideia de cooperação que permeia toda a teoria. Quanto da rua será fechado é preciso analisar caso a caso,

---

[117] Apenas para mencionar alguns exemplos de como essa manifestação se espalhou pelo país, considerando notícias espalhas por todas as regiões do Brasil: ABDALLA, 2016; BORGES, 2016; OPOVOonline, 2016; SOARES, 2016; VITAL, 2016.

[118] Pode-se argumentar que há uma escolha de liberdades, não uma redução da liberdade como um todo. Mesmo aceitando essa argumentação, a prevalência total da liberdade de expressão ou da liberdade de locomoção não passam na segunda fase da primeira regra de prioridade: não é tolerável supor que uma pessoa, sob o véu de ignorância, aceite ter uma redução total de uma de suas liberdades. Então a liberdade reduzida (seja a de expressão, seja a de locomoção) não é aceitável para aqueles que querem exercer o direito. Aceitar que alguém que quer se manifestar/locomover vai abrir mão desse direito em prol dos outros é partir do pressuposto do auto sacrifício, que é rejeitado por Rawls expressamente quando o autor fala do auto respeito (RAWLS, 2008, p. 543 e s.).

considerando o tamanho da manifestação e do congestionamento causado.

Isso, é claro, presumindo que o fechamento das ruas seja uma surpresa, o que é a táctica usual desse tipo de manifestação. Tendo sido devidamente noticiado – preferencialmente em vias oficiais – o conflito perde parte de sua importância (as pessoas que querem se locomover podem ajustar seu horário ou percurso, não tendo seu direito impedido) e fechar a via se torna viável.

Durante as Olimpíadas 2016, que ocorreram no Rio de Janeiro, houve uma controvérsia interessante correlacionada com a liberdade de expressão: manifestações de cunho político, contra ou favorável ao governo, foram proibidas pela organização dos jogos. Nas palavras de Mario Andrada, diretor de comunicação do Comitê-Rio 2016:

> O Brasil é uma democracia jovem. Trocamos o presidente pela lei. Não é fácil. As sedes têm que ser livres de política. Aqueles que protestam serão requisitados que parem e se insistirem será pedido que saiam. É um templo para esporte (MATTOS, 2016).

Isso seria possível?

Primeiro precisamos analisar quais são os direitos em conflito. De um lado temos a liberdade de expressão. E do outro? Qual é o direito que é limitado pela liberdade de expressão nesse caso? A justificativa do Comitê Olímpico é manter a neutralidade do esporte e a previsão na Carta Olímpica[119]. Isso basta? Não. Neutralidade do esporte não é um direito.

Atentemos, essas manifestações eram com relação a cartazes, palavras de ordem ou até camisas com frases contra e a favor do governo. Se as manifestações impediam/atrapalhavam os espectadores de ver os eventos esportivos, poderíamos alegar que se trata de um conflito entre a liberdade de expressão e o direito de propriedade pessoal dos que compraram o ingresso. A ponderação pode ser feita por aqui: cada Olimpíada é um evento único, limitar o direito de propriedade dessa maneira reduz o total de liberdades compartilhados por todos, o que mais uma vez viola a primeira regra de prioridade.

O exercício da liberdade de expressão de maneira a atrapalhar um espectador de ver um evento pelo qual ele pagou não é diferente da proibição de um beijo homossexual em um evento evangélico como ocorreu em uma manifestação polémica de "beijaço gay" contra o deputado Marco Feliciano (BRINCO, 2015)[120], ou francamente qualquer evento previamente agendado:

---

[119] O artigo 50, ponto 2 da Carta Olímpica prevê: *"No kind of demonstration or political, religious or racial propaganda is permitted in any Olympic sites, venues or other areas"*. Tradução livre: "Nenhum tipo de demonstração política, religiosa ou racial é permitida nos locais Olímpicos, seus corredores ou outras áreas".

[120] Apenas relembrando, em 2013 o deputado federal e pastor evangélico Marco Feliciano foi eleito para presidir a Comissão de Direito Humanos na Câmara dos Deputados, o que gerou uma série de repercussões negativas dado o posicionamento conservador do deputado,

permitir que em nome da liberdade de expressão um evento legal e pré-agendado não se realize é limitar exacerbadamente a liberdade individual das pessoas, o que não pode ser aceito pela teoria de Rawls.

Agora, camisetas com dizeres antigoverno, como ocorreram nas Olimpíadas do Rio de 2016[121], unhas pintadas nas cores do arco íris para protestar contra a lei que proíbe a propaganda gay na Rússia[122], proibições genéricas correlacionadas a qualquer forma de liberdade de expressão em aeroportos nos Estados Unidos[123], ou simplesmente procurar o Facebook para eliminar o emoji de vómito de certos perfis governamentais[124] são limitações a liberdade de expressão que não visam garantir outras liberdades, o que por si só viola o primeiro princípio da justiça de Rawls.

Para terminarmos nossa discussão correlacionada com o local, vamos supor o seguinte: ocorrerá um evento governamental qualquer. Dois grupos distintos, com posicionamento contrário, desejam se manifestar no referido evento. Como já analisamos, nenhuma das duas manifestações populares pode impedir o ato governamental (que veio antes, é uma situação semelhante ao caso da igreja). As manifestações não podem ocorrer no mesmo local: a chance de uma manifestação impedir a outra ou do resultado de ambas ocorrendo juntas gerar agressões aos manifestantes é grande.

---

particularmente no tocante aos direitos homossexuais. A permanência do Deputado na chefia da comissão foi rodeada de controvérsias políticas e uma prática de protesto que se desenvolveu na época foi o beijo entre pessoas do mesmo sexo, conhecida como "beijaço gay". Considerando o contexto da época, a comoção nacional e constantes comunicações midiáticas sobre eventos semelhantes, podemos considerar que esse beijo era um discurso simbólico, nos termos elencados no ponto 1 deste trabalho.

[121] Ao se pronunciar sobre as limitações impostas pelo Comité Olímpico, o judiciário brasileiro considerou a proibição abusiva por violar a liberdade de expressão.

[122] Em 2013, a Rússia aprovou uma lei que ficou conhecida no ocidente como a lei "antipropaganda gay", que levantou uma série de questionamentos sobre a liberdade de expressão na Rússia, particularmente da minoria homossexual do país. Dentre as discussões relacionadas com a lei, a atleta suíça Emma Green Tregaro pintou as unhas com as cores do arco íris para protestar contra a lei russa no Campeonato Mundial de Atletismo de 2013 que ocorreu em Moscou, as a atleta se viu forçada a pintar as unhas de vermelho – e não realizar seu protesto – por medo de repressão (BUZINSKI, 2013). Para uma visão da lei russa, recomendamos a análise feita pela entidade não governamental Human Rights Watch (2014).

[123] O Los Angeles Board of Commissioners, órgão do governo estadual responsável por regular as regras internas dos aeroportos de Los Angeles, editou um regulamento que proibia todos tipos de manifestações correlacionadas com a liberdade de expressão, na Área do Terminal Central do Aeroporto Internacional de Los Angeles. Eventualmente um grupo religioso foi proibido de distribuir panfletos no local, o que acabou gerando o processo Airport Comm'rs v. Jews for Jesus no qual a Suprema Corte Americana reconheceu que limitações a liberdade de expressão genéricas, sem a necessidade de prejuízo a outro direito, são inconstitucionais (ESTADOS UNIDOS DA AMÉRICA, 1987).

[124] No Brasil, manifestantes contra o governo Michel Temer começaram a postar o emoji de vómito em publicações oficiais do governo brasileiro na rede social Facebook como forma de protesto. O Palácio do Planalto procurou a rede com a intenção de retirar esse tipo de manifestação de suas postagens (AMADO, 2016).

Portanto, as manifestações podem ocorrer, mas em separado e a uma distância segura uma da outra. Mas qual das duas manifestações deve, segundo Rawls, ficar mais próxima do evento governamental?

Estamos tratando da liberdade de expressão de um grupo limitando a liberdade de expressão de outro, então é um conflito dentro do primeiro princípio. Ambas as manifestações acontecerem fortalece o sistema total de liberdade, o que atende a primeira parte da primeira regra de prioridade. A questão então é que "uma liberdade desigual deve ser aceitável para aqueles que têm liberdade menor" (RAWLS, 334) e o problema é que nesse caso essa aceitação não acontece: numa situação hipotética, sem saber de qual grupo poderíamos fazer parte, não há nenhuma razão racional para aceitar essa desigualdade de liberdade. A única resposta possível é que ambos os grupos estejam a uma distância equidistante do evento governamental (ou tão próximo disso quanto possível).

Nesse contexto, uma atitude governamental hipotética que autorize manifestações favoráveis ao governo perto de um ato governamental, mas que exijam que as manifestações contrárias fiquem distantes (muitas vezes alegando questões de segurança) também são contrárias à teoria proposta por Rawls.

Deixando o local das manifestações, passamos a falar dos apetrechos. As manifestações de 2013 no Brasil, que ficaram conhecidas como a Revolta dos 20 Centavos, trouxeram consigo uma série de questionamentos sobre o limite da liberdade de expressão. Uma dessas discussões se correlaciona com o uso de máscaras[125]: seria permitido segundo Rawls?

A primeira coisa que precisamos verificar é se o uso de mascaras pode ser considerado um discurso simbólico, sendo dessa forma abrangido pela liberdade de expressão. Vai depender da máscara, mas em geral sim, apenas para mencionar alguns exemplos: uma máscara de palhaço em uma manifestação contra um governo transmite uma mensagem clara; uma máscara que represente um agente público usando um chapéu de presidiário em uma marcha contra a corrupção também transmite uma mensagem clara; até mesmo a máscara estilizada de Guy Fawkes, que ganhou espaço com o filme "V de Vingança", transmite uma mensagem clara em um pronunciamento antigovernamental (não é por acaso que o grupo de hackerativismo Anonymous usa essa máscara como sua face pública).

---

[125] O Projeto de Lei 5.964 de 2013, de autoria do Deputado Federal Rogério Peninha Mendonça, se encontra em tramitação na Câmara dos Deputados tem a intenção de, nos termos do artigo primeiro do projeto: "[...] proíbe a utilização de objeto ou substância que, por dissimulação, dificulte a identificação do usuário em local público, disciplinando o uso desses meios". Com a justificativa de: "[...] busca-se pôr cobro a tantas depredações que ocorreram nas últimas manifestações populares, prevenindo a continuidade de tais atos criminosos" (BRASIL, 2013).

Mesmo que a máscara não transmita uma mensagem política específica – vamos supor uma máscara de um super-herói qualquer, como o Homem de Ferro, ou uma fantasia da Pepa Pig, ou uma simples touca ninja – a máscara pode justificar uma proteção contra uma prisão ou detenção arbitrária, dessa forma a pessoa pode não se sentir à vontade para se manifestar sem a máscara. Mesmo nesse caso ainda se trata de um direito protegido no primeiro princípio.

A justificativa para a proibição da utilização da máscara se encontra na segurança pública, para evitar saques e destruição ao patrimônio, o que mais uma vez é um conflito dentro do primeiro princípio.

Pode haver a proibição do uso da máscara?

Não. A proibição geral e abstrata do uso da máscara limita a liberdade de expressão de pessoas que querem usar máscaras, mas não têm a intenção de causar prejuízo ao patrimônio público. Logo, se trata de uma limitação da liberdade que não gera o fortalecimento do sistema total das liberdades partilhados por todos.

A proibição do uso das máscaras só seria aceitável se o agente, além de usar a máscara, tiver uma conduta que apresente um risco real à segurança pública, por exemplo, pegar uma pedra no chão para destruir uma vidraça. Nesse caso, o risco deve ser evitado e o agente deve ser punido.

Entretanto, se um agente não mascarado estiver com uma pedra na mão para arremessar em uma vidraça, colocando em risco a segurança pública, esse agente também deve ser impedido e, eventualmente, punido. O que é relevante nesse contexto, para a teoria de Rawls, não é a máscara em si, mas sim o risco para a segurança pública que é apresentado.

Finalmente enfrentamos o ponto mais difícil: discutir limites à liberdade de expressão quando ao conteúdo do discurso que está sendo proferido.

A liberdade de expressão não pode ser usada para formular ameaças ou conseguir algum tipo de vantagem ilícita. O sentido de ameaça apresentado aqui é semelhante ao conceito de *true threats* do direito constitucional americano, onde a vítima tenha razões reais para temer que a ameaça seja real, mesmo que o agente que ameaça não tenha a intenção real de cumprir a ameaça (FABER, 2009, p. 925). Nesse caso, a pessoa que pretenda utilizar a liberdade de expressão para a realização de ameaças está violando do dever de cooperação, que é uma das condições essenciais de justiça.

Se trata de um caso mais simples se a liberdade de expressão for usada para pleitear uma alteração legislativa ou uma mudança de política pública. Uma manifestação que tenha a intenção de pleitear uma mudança legislativa para autorizar o uso de entorpecentes – como a Marcha da Maconha – não pode ser proibida com base na liberdade de expressão.

A dificuldade se encontra quando não há um risco, ou crença de um risco, concreto à segurança, mas determinada fala é ofensiva. Em setembro de 2005, o maior jornal dinamarquês, o Jyllands-Posten, publicou uma charge que representava, em tom de deboche, o poeta Muhammad com uma bomba como turbante. Tal manifestação gerou grande repercussão internacional, porque grupos mulçumanos mais radicais entendem que qualquer palavra de crítica contra o profeta é uma blasfêmia contra sua religião (SMITH; FISHER, 2006), no que hoje parece um prelúdio para o Massacre do Charlie Hebdo, que ocorreu em janeiro de 2015, quando dois mulçumanos radicais ligados ao grupo Al-Qaeda mataram 12 pessoas e feriram outras 11 em retaliação a charges ofensivas publicadas no jornal satírico francês Charlie Hebdo – foi esse ataque que criou a onda de manifestações de apoio ao jornal materializadas pela #JesuisChalie (VINOGRAD, 2015). Não resta dúvida que uma reação violenta à publicação de um jornal é uma reação excessiva que extrapola qualquer parâmetro aceitável. Contudo, a dúvida que surge desse caso é: existe o direito a não ser ofendido? E esse direito se estende ao ponto de permitir uma limitação à liberdade de expressão segundo a teoria de Rawls?

Para os efeitos dessa discussão, partimos do pressuposto que as publicações dos jornais em análise foram ofensivas. Atentemos que o direito a não ser ofendido pode parecer óbvio, mas ao se pronunciar sobre a polémica em torno das publicações dinamarquesas, em 2006, Dworkin afirmou que:

> *So in a democracy no one, however powerful or impotent, can have a right not to be insulted or offended. That principle is of particular importance in a nation that strives for racial and ethnic fairness. If weak or unpopular minorities wish to be protected from economic or legal discrimination by law - if they wish laws enacted that prohibit discrimination against them in employment, for instance - then they must be willing to tolerate whatever insults or ridicule people who oppose such legislation wish to offer to their fellow voters, because only a community that permits such insult may legitimately adopt such laws. If we expect bigots to accept the verdict of the majority once the majority has spoken, then we must permit them to express their bigotry in the process whose verdict we ask them to respect [...]* (DWORKIN, 2006)[126].

Limitações à liberdade de expressão correlacionadas com a

---

[126] Tradução livre: "Em uma democracia ninguém, não importa quão poderoso ou importante seja, pode ter o direito de não ser insultado ou ofendido. Esse princípio é particularmente importante em uma nação que busca a justiça ética e racial. Se minorias fracas ou impopulares desejam ser protegidas de discriminações legais ou econômicas – se eles desejam leis que proíbam discriminações contra eles nas relações de trabalho, por exemplo – então eles precisam estar dispostos a tolerar qualquer insulto ou comentário ridículo que aqueles que se opõem a tal legislação desejam oferecer aos demais eleitores, porque só uma comunidade que permite tais insultos pode legitimamente adotar tais leis. Se esperamos que intolerantes aceitem a o veredito de uma maioria quando a maioria tiver decidido, então precisamos permitir que eles expressem sua intolerância no processo cujo veredito esperamos que eles aceitem".

manutenção da honra e bom nome de uma pessoa são um dispositivo comum em ordenamentos jurídicos (CANOTILHO; MOREIRA, 2007, p. 575 e 576; MENDES; BRANCO, p. 270 a 272; JOUANJAN, 2009, p. 879 e 880; MIRANDA; MEDEIROS, 2010, p. 580 e 851; SARMENTO, 2013, p. 257 a 259). Para Rawls há um direito de não ser ofendido?

Sim, inclusive protegido pelo primeiro princípio da justiça, afinal a liberdade individual inclui a proteção contra opressão psicológica (RAWLS, 2008, p. 74).

Verificando-se um conflito entre o direito de não ser ofendido e a liberdade de expressão, como se resolve? Nesse ponto a teoria de Rawls volta às suas raízes libertárias e pondera que só uma ofensa, sem risco concreto para a segurança, não é suficiente para limitar a liberdade expressão. Segundo o autor, a característica de uma sociedade justa tenderia a fazer com que grupos intolerantes, tendentes então à realização dessas ofensas, desapareçam com o tempo (RAWLS, 2008, p. 266 e s.). Lembrando as palavras do autor:

> A conclusão, portanto, é que, embora a seita intolerante não tenha, ela mesma, o direito de reclamar da intolerância, sua liberdade só deve ser restringida quando os tolerantes, com sinceridade e razão, acreditarem que sua própria segurança, e a segurança das instituições da liberdade, estiverem em perigo. Só nesses casos devem os tolerantes coibir os intolerantes [...]. Os justos devem orientar-se pelos princípios de justiça. E não pelo fato de que os injustos não podem reclamar. Por fim, deve-se observar que, mesmo quando a liberdade do intolerante é limitada para salvaguardar uma constituição justa, isso não se faz em nome da maximização da liberdade. As liberdades de alguns não são suprimidas simplesmente para possibilitar uma liberdade maior para outros. A justiça proíbe esse tipo de raciocino em relação à liberdade, da mesma forma que o proíbe em relação à soma das vantagens. É apenas a liberdade dos intolerantes que deve ser limitada, e isso se faz para preservar a liberdade igual em uma constituição justa, cujos princípios os próprios intolerantes reconheceriam na posição original (RAWLS, 2008, p. 271).

5. CONSIDERAÇÕES FINAIS

O grupo de estudantes Berkeley College Republicans, como parte do o *Dangerous Faggot Tour* (algo que poderia ser traduzido como "Tour da bicha perigosa"), convidou para uma palestra na Universidade da Califórnia o jornalista Milo Yiannopoulos, que é editor do tabloide conservador americano Breitbart News, e apoiador das políticas de Donald Trump. Outros estudantes se manifestaram contra a palestra, as manifestações tornaram-se violentas e a palestra foi cancelada por razões de segurança. Em resposta a esses atos, o presidente dos Estados Unidos Donald Trump ameaçou cortar fundos da universidade (TALEV; LAUERMAN, 2017).

Ainda sobre o novo Presidente Americano, a rede de lojas Nordstrom anunciou que vai parar de vender os produtos da linha Ivanka Trump porque a venda dos mesmos estava baixa. Sean Spicer, o Secretário de Imprensa da Casa Branca, emite um posicionamento oficial afirmando que a atitude é uma retaliação a família Trump pelas posições políticas adotadas pelo Presidente (PÉREZ-PEÑA; ABRAMS, 2017).

Em reação a uma decisão do Ministro Gilmar Mendes a atriz e apresentadora Monica Iozzi de Castro publicou em uma rede social a foto do ministro com a inscrição "cumplice?". Em resposta, a apresentadora foi condenada a pagar uma indenização de 30 mil reais ao Ministro Gilmar Mendes por danos morais (O GLOBO, 2016).

Um grupo de familiares de policiais da Polícia Militar do Espírito Santo (PMES) resolveu fazer uma manifestação em protesto contra as condições de trabalho da PMES. Além de palavras e gritos de ordem, os protestos ocorreram na porta de batalhões, com a intenção de impedir os policiais de saírem em patrulhamento. O posicionamento dos policiais é que não podem sair devido à manifestação. O posicionamento dos manifestantes é que estão exercendo seu direito de liberdade de expressão. Com pouco mais de uma semana de manifestação os dados apresentam 144 mortos no Espírito Santo (ARPINI, 2017).

Esses quatro eventos, além dos outros apresentados ao longo do trabalho, servem para indicar que vivemos em uma era que parece indicar que todos os lados envolvidos em qualquer discurso estão se radicalizando. Essa radicalização só pode ser impedida com o diálogo e para tanto a liberdade de expressão tem o papel fundamental de manter e possibilitar o discurso entre as partes, o que é essencial em um estado democrático.

A política geral correlacionada com conflitos envolvendo a liberdade de expressão é uma análise casuística, que se inspira na proporcionalidade, mas considera a liberdade de expressão um direito preferencial (CANOTILHO; MOREIRA, 2007, p. 573 e 574; CARBONELL, 2008, p. 30; JOUANJAN, 2009, p. 879 e 880; MIRANDA; MEDEIROS, 2010, p. 853 e s.; SARMENTO, 2013, p. 257 a 259). E só, sem uma explicação concreta de como essa ponderação proporcional deve ser feita considerando a preferência da liberdade de expressão.

Na verdade, a tendência da análise casuística dos conflitos que envolvem a liberdade de expressão é a criação de um mundo de casos e exceções que dificultam a compreensão de quais atitudes são legais e quais extrapolam os limites da legalidade, o que por si só cria o risco de perder a essência do princípio da liberdade de expressão (JOUANJAN, 2009, p. 883; Farber, 2009, p. 938), essência que é a pedra basilar de um estado democrático.

Diante desse problema, a criação de um modelo lexicográfico para a solução de colisão de princípios, como o proposto por John Rawls na Teoria da Justiça, traz uma segurança e previsibilidade maiores para a materialização da liberdade de expressão e talvez se mostre uma medida mais adequada do que a mera análise casuística, ainda que a análise serial seja declaradamente imperfeita (RAWLS, 2008, p. 377).

REFERÊNCIAS BIBLIOGRÁFICAS

ABDALLA, Sharon. Estudantes do IFPR Curitiba fazem manifestação na região central da capital. Alunos Fecham a Rua João Negro, no Rebouças, em protesto contra a MP do Ensino Médio e a PEC 241. *In:* **Gazeta do Povo**. Publicado: 20 out. 2016, 14h04. Disponível em: <http://www.gazetadopovo.com.br/vida-e-cidadania/estudantes-do-ifpr-curitiba-fazem-manifestacao-na-regiao-central-da-capital-2nqmoxfm2zlc499e9vl4l11ev>. Acesso em: 12 jan. 2017.

AMADO, Guilher. Palácio do Planalto em guerra contra emojis do Facebook. *In:* **O Globo**. Publicado: 20 nov. 2016, 06h42. Disponível em: <http://blogs.oglobo.globo.com/lauro-jardim/post/palacio-do-planalto-em-guerra-contra-emojis-do-facebook.html>. Acesso em: 12 fev. 2017.

ARPINI, Naiara et al. Protesto chega ao 10º dia no ES, mas PMs devem manter patrulhamento Policiais têm se apresentado para o trabalho diretamente nas ruas. Estado teve 144 mortes até as 17h deste domingo (12), diz sindicato. *In:* **G1 Espírito Santo**. Públicado: 13 jan. 2017, 08h27. Disponível em: <http://g1.globo.com/espirito-santo/noticia/2017/02/pms-seguem-se-apresentando-na-rua-e-mulheres-dizem-que-ninguem-entra.html>. Acesso em: 13 jan. 2017.

BOLOÑOS, Bernardo. ¿La Estadística y/o los sondeos de opinión como fuentes del derecho? *In*: **Teoría Constitucional Y Derechos Fundamentales**. Miguel Carbonell (comp). Ciudad de México: Comisión Nacional de los Derechos Humanos, 2002.

BORGES, Juliana. Manifestantes fazem protesto contra a PEC do teto em Vitória. Concentração começou Ufes; agências bancárias foram depredadas.PEC 55 foi aprovada em 2º turno nesta terça-feira (13), no Senado. *In:* **G1**. Publicado: 13 nov. 2016, 19h15. Disponível em: <http://g1.globo.com/espirito-santo/noticia/2016/12/grupo-protesta-em-vitoria-apos-aprovacao-da-pec-55-no-senado.html>. Acesso em: 12 jan. 2017.

BRASIL. Câmara dos Deputados. **Projeto de Lei 5.964/2013**. Autor: Rogério Peninha Mendonça. Apresentação: 16 jul. 2013. Disponível em:

<http://www.camara.gov.br/proposicoesWeb/fichadetramitacao?idPropos icao=585125&ord=1>. Acesso em: 12 fev. 2017.

BUZINSKI, Jim. Swedish high jumper forced to repaint her pro-gay rainbow fingernails in Moscow. *In:* **Outsports**. Publicado: 17 ago. 2013, 11h57. Disponível   em: <http://www.outsports.com/2013/8/17/4631396/swedish-high-jumper-forced-to-repaint-her-pro-gay-rainbow-fingernails>. Acesso em: 12 jan. 2017.

CANOTILHO, J. J. Gomes; e MOREIRA, Vital. **Constituição da República Portuguesa Anotada**. Volume I. 4ª ed. Coimbra: Coimbra Editora, 2007.

CARBONELL, Miguel. **La Libertad de Expresión em Materia Electoral**. Ciudad de México: Tribunal Electoral del Poder Judicial de la Federación, 2008.

DWORKIN, Ronald. Even bigots and Holocaust deniers must have their say. The British media were right not to publish the Danish cartoons, but that doesn't mean freedom of speech should have limits. *In:* **The Guardian**. Publicado: 14   fev.   2006   02h02.   Disponível   em: <https://www.theguardian.com/world/2006/feb/14/muhammadcartoons .comment>. Acesso em: 12 fev. 2017.

ESTADOS UNIDOS DA AMÉRICA. Suprema Corte dos Estados Unidos. **Airport Comm'rs v. Jews for Jesus 482 U.S. 569** (1987). Chief Justice: William   Rehnquist.   Washinton.   15   jun.   1987.   Disponível   em: <https://supreme.justia.com/cases/federal/us/482/569/case.html>. Acesso em: 12 fev. 2017.

_____. _____. **Cohen v. California, 403 U.S. 15** (1971). Chief Justice: Warren   E.   Burger.   Washinton.   07   jun.   1971.   Disponível   em: <https://supreme.justia.com/cases/federal/us/403/15/case.html>. Acesso em: 12 fev. 2017.

_____. _____. **Texas v. Johnson, 491 U.S. 397** (1989). Chief Justice: William   Rehnquist.   Washinton.   21   jun.   1989.   Disponível   em: <https://supreme.justia.com/cases/federal/us/491/397/case.html>. Acesso em: 12 fev. 2017.

_____. _____. **United States v. David Paul O'Brien, 391 U.S. 367** (1968). Chief Justice: Earl Warren. Washinton. 27 maio 1968. Disponível em:

<https://supreme.justia.com/cases/federal/us/391/367/case.html#376>. Acesso em: 12 fev. 2017.

FARBER, Daniel A. The Categorical Approack to Protecting Speech in American Constitucional Law. *In*: **Indiana Law Journal**, Volume 84, Issue 3, 2009. Disponível em: <http://www.repository.law.indiana.edu/ilj/vol84/iss3/>. Acesso em: 12 jan. 2017.

HOBBES, Thomas. **Leviathan** or The Matter, Forme and Power of a Common Wealth Ecclesiasticall and Civil. London: Awnfham Churchill, 1651. Disponível em: < https://en.wikisource.org/wiki/Leviathan>. Acesso em: 12 jan. 2017.

Human Rights Watch. "Russia: Anti-LGBT Law a Tool for Discrimination An Anniversary Assessment". Endereço da organização: https://www.hrw.org/ Publicado: 29 jun. 2014, 21h45. Disponível em: <https://www.hrw.org/news/2014/06/29/russia-anti-lgbt-law-tool-discrimination>. Acesso em: 12 jan. 2017.

JOUANJAN, Oliver. Freedom of Expression in the Federal Republic of Germany. *In*: **Indiana Law Journal**, Volume 84, Issue 3, 2009. Disponível em: <http://www.repository.law.indiana.edu/ilj/vol84/iss3/>. Acesso em: 12 jan. 2017.

LOCKE, John. **Two Treatises of Government**. London: Awnfham Churchill, 1690. Disponível em: <https://en.wikisource.org/wiki/Two_Treatises_of_Government>. Acesso em: 12 jan. 2017.

MATTOS, Rodrigo. Rio-2016 proíbe "Fora Temer", mas diz que espectador não deve ser expulso. *In:* **UOL Olimpíadas**. Publicado: 07 ago. 2016, 13h03. Disponível em: <https://olimpiadas.uol.com.br/noticias/redacao/2016/08/07/rio-2016-proibe-fora-temer-mas-diz-que-espectador-nao-deve-ser-expulso.htm>. Acesso em: 12 jan. 2017.

MENDES, Gilmar Ferreira; BRANCO, Paulo Gustavo Gonet. **Curso de Direito Constitucional**. 10 ed. São Paulo: Saraiva, 2015;

MILL, John Stuart. **On Liberty**. 4ª ed. Londres: Longmans, Green, Reader and Dyer, 1869. Disponível em: <https://en.wikisource.org/wiki/On_Liberty>. Acesso em: 12 fev. 2017.

MIRANDA, Jorge; MEDEIROS, Rui. **Constituição Portuguesa Anotada**. Tomo I. 2ª ed. Coimbra: Wolters Kluwer Portugal/Coimbra Editora, 2010.
O GLOBO. "Monica Iozzi terá que indenizar Gilmar Mendes em R$30 mil. Para juiz, apresentadora 'extrapollou os limites de seu direito de expressão'". *In:* o Globo. Endereço do jornal: oglobo.globo.com.br. Publicado: 02 out. 2016, 21h18. Disponível em: <http://oglobo.globo.com/brasil/monica-iozzi-tera-que-indenizar-gilmar-mendes-em-30-mil-20220766>. Acesso em: 12 jan. 2017.

OPOVOonline. "Manifestação contra pautas nacionais bloqueia ruas no Centro O ato é organizado pelo Sindifort, a Central da Classe Trabalhadora e a Frente de Mobilização Nacional Povo sem Medo. Estudantes responsáveis pela ocupação de escolas e campi de universidades também participam". *In:* **O Povo Online**. Endereço do jornal: www.opovo.com.br. Publicado: 11 nov. 2016, 10h46. Disponível em: <http://www.opovo.com.br/noticias/politica/2016/11/manifestacao-contra-pautas-nacionais-bloqueia-ruas-no-centro.html>. Acesso em: 12 jan. 2017.

RAWLS, John. **Uma Teoria da Justiça**. 3ª ed. Tradução: Jussara Simões. São Paulo: Martins Fontes, 2008.

RENNAN, Ernest. **Qu'est-ce qu'une nation?** Conférence prononcée le 11 mars 1882 à la Sorbonne.1882. Disponível em: <http://classiques.uqac.ca/classiques/renan_ernest/qu_est_ce_une_nation/renan_quest_ce_une_nation.pdf>. Acesso em: 12 jan. 2017.
ROUSSEAU, Jean-Jacques. **Du contrat social** ou, Principes du droit politique. Paris: Marc Michel Rey, 1762. Disponível em: <https://fr.wikisource.org/wiki/Du_contrat_social/%C3%89dition_1762/Texte_entier>. Acesso em: 12 jan. 2017.

SARMENTO, Daniel. Art. 5º, IV. *In:* **Comentários à Constituição do Brasil**. J. J. Gomes Canotilho [et al.] (coord.). São Paulo: Saraiva/Almedina, 2013.

SMITH, Craig S. FISHER, Ian. Temperatures Rise Over Cartoons Mocking Muhammad. *In:* **The New York Times**. Publicação: 03 fev. 2006. Disponível em: <http://www.nytimes.com/2006/02/03/international/europe/03cartoons.html?rref=collection%2Ftimestopic%2FDanish%20Cartoon%20Controversy>. Acesso em: 12 fev. 2017.

SOARES, Denise. Manifestantes ateiam fogo em pneus em ato contra PEC 55 em Cuiabá Protesto ocorreu perto da entrada da Universidade Federal de Mato Grosso. Avenida ficou interditada e foi liberada ainda no início da manhã. *In:* **G1 MT** Publicado: 13 dez. 2016, 08h50. Disponível em: <http://g1.globo.com/mato-grosso/noticia/2016/12/manifestantes-bloqueiam-avenida-de-cuiaba-e-colocam-fogo-em-pneus.html>. Acesso em: 12 jan. 2017.

VINOGRAD, Cassandra et al. Charlie Hebdo Shooting: 12 Killed at Muhammad Cartoons Magazine in Paris. *In:* **NBC NEWS**. Publicado: 07 jan. 2015 09h48. Disponível em: <http://www.nbcnews.com/storyline/paris-magazine-attack/charlie-hebdo-shooting-12-killed-muhammad-cartoons-magazine-paris-n281266>. Acesso em: 12 fev. 2017.

VITAL, Emanuel. Protesto contra a PEC 55 fecha a BR 230 em Oeiras e causa grande engarrafamento. *In:* **FOLHA DE OEIRAS** Publicado: 02 dez. 2016, 11h54. Disponível em: <http://www.folhadeoeiras.com/noticia/1467/Protesto-contra-a-PEC-55-fecha-os-2-sentidos-da-BR-230-em-Oeiras->. Acesso em: 12 jan. 2017.

6

O MODELO DE PRECEDENTES DO CÓDIGO DE PROCESSO CIVIL DE 2015 E A (IM) POSSIBILIDADE DE EFETIVAÇÃO DA JUSTIÇA NAS DECISÕES JUDICIAIS: ANÁLISE SOB UMA PERSPCTIVA RACIONAL PROCEDIMENTALISTA

Maira Ramos Cerqueira
Samuel Meira Brasil Jr.

RESUMO: Analisar-se-á de forma sintética, porém, não superficial, se o modelo de precedentes, delineado no art. 926 e seguintes do Código de Processo Civil de 2015, sob análise de uma perspectiva racional procedimentalista é capaz de proporcionar um critério de justiça para as decisões judiciais.

1. INTRODUÇÃO

Sob a promessa de um novo tempo foi fundada, em 1988, a nova ordem constitucional. Pouco mais de 27 (vinte e sete) anos depois, ainda é procurada uma maneira de consolidá-la em seu projeto democrático: um programa que depende de um modo coordenado de atuação dos poderes estatais com a sociedade civil[127] e com todos os segmentos sociais que caracterizam sua diversidade. Nessa perspectiva, o processo civil passou a orientar-se por um novo paradigma[128], qual seja o de efetivar os direitos fundamentais elencados na Constituição da República Federativa do Brasil de 1988. Suas disposições concentram não apenas as garantias resultantes da emancipação conquistada naquele específico momento histórico, mas também um projeto para o futuro

---

[127]Expõe Menelick de Carvalho Neto (2003, p. 143), que: "[...] Trata-se de um tipo de sociedade que requer um grau recorrentemente mais alto de complexidade para a sua reprodução, uma sociedade, portanto, insatisfeita consigo mesma. Desde o seu nascimento, uma sociedade que se diferencia, que se especializa para poder se reproduzir num grau de complexidade tão grande que exigiu a invenção dos direitos humanos, dos direitos fundamentais; requereu a afirmação, a um só tempo, paradoxal e estruturalmente móvel, do reconhecimento recíproco da igualdade e da liberdade de todos os seus membros, ou seja, tornou plausível e exigiu a ideia de que somos, pela primeira vez na história, uma sociedade na qual nos reconhecemos como pessoas iguais, porque ao mesmo tempo livres. Livres para sermos diferentes, uma vez que somos diferentes, plurais, em dotes e potencialidades desde o nascimento e nos reconhecemos o direito de sermos diferentes e exercermos as nossas diferenças, ou seja, de sermos livres e de exercermos nossas liberdades. E, ainda assim, ou melhor, precisamente por isso, nos respeitarmos como iguais". CARVALHO NETO, Menelick de. A hermenêutica constitucional e os desafios postos aos direitos fundamentais. In SAMPAIO, José Adércio Leite. (Coord). **Jurisdição Constitucional e direitos fundamentais.** Belo Horizonte: Del Rey, 2003.

[128] O vocábulo paradigma é aqui utilizado para "[...] designar os valores, crenças e técnicas compartilhadas por membros de uma comunidade para substituir regras e solucionar problemas apresentados pela ciência. Portanto, identificar um paradigma em dada época e contexto histórico, parece permitir que sejam reconhecidos os pressupostos utilizados para o alcance de decisões, inclusive os referentes aos direitos fundamentais" (COURA; FONSECA, 2014, p. 23-24).

(MOREIRA, 2010) [129].

Com vistas a implementar no sistema processual infraconstitucional as garantias constitucionais, adveio a necessidade de elaboração de um novo Código de Processo Civil, a partir de uma perspectiva de recodificação[130] (MAZZEI, 2005), haja vista que o Código de 1973, denominada por alguns de Código Buzaid, assegurava de forma deficitária os valores previstos na Constituição da República Federativa do Brasil de 1988, além de mostrar-se destoante de aludidos axiomas[131].

O sistema processual concebido pelo Código de Processo Civil Brasileiro

---

[129] A abordagem das constituições como projetos é típica das análises reconstrutivistas, nas quais se encaixam as Teorias de Habermas e Dworkin. Caracterizam-se pelo abandono da pretensão de alcance da vontade constituinte, voltando-se para as gerações posteriores e para seu potencial construtivo para a consolidação e atualização da ordem constitucional.

[130] *Recodificação*, ao revés da *descodificação*, implica em reconhecer a importância do código anterior, de modo que a retirada do código não se dá sem abrir mão da manutenção da organização do direito pelo meio da *codificação*. De todo modo, é importante assinalar que ao se optar pela *recodificação*, faz-se a substituição de corpo legislativo, não sendo necessário abandonar por completo os regramentos anteriores. Na verda, a *recodificação* é compatível com a preservação de disposições do texto revogado, ainda que estas, na sua interpretação e aplicação, possam levar a um novo sentido ou resultado. Isso porque mesmo os dispositivos que são repetidos são atingidos pelas mudanças de bússolas entre os códigos. Destaque-se ainda que na *recodificação* o processo legislativo é, naturalmente, marcado pela incorporação no novo texto de outras fontes que não compunham a codificação revogada, mas que já eram usadas em dialogo para crítica e/ou melhor interpretação daquela, destacando-se, no sentido, os dispositivos de leis especiais ou extravagantes (que passam a ser gerais) e ainda o prestígio as posições jurisprudencial e doutrinária marcadas por bússola evolutiva, notadamente quando há outra matriz de interpretação. No Brasil, a recodificação tem sido notabilizada pela alteração do paradigma constitucional, em razão do novo código estar sob a égide de Carta diferente da que existia no momento em que promulgado o código revogado. No sentido, basta observar o CPC/73 (em substituição ao CPC/39) e o CC/02 (em permuta ao CC/16). Tratando do processo de *recodificação* (ainda que com olhos para o CC/02), com análise mais ampla e nuances, confira-se: MAZZEI, Rodrigo. Notas iniciais à leitura do novo código civil. In: Arruda Alvim; Thereza Alvim. (Org.). Comentários ao Código Civil Brasileiro, parte geral. Rio de Janeiro: Forense, 2005, v. 1, p. LXVII-LXIX.

[131] [...] Com a promulgação da Constituição Federal de 1988 e dos inúmeros textos legais que a seguiram infundiu-se em cada brasileiro um verdadeiro espírito de cidadania. Os cidadão passaram a ser senhores de seus respectivos direitos, com as expectativas de verem cumpridas as garantias que lhes foram então asseguradas. Diante desse fenômeno, houve, como era notório, um vertiginoso crescimento da demanda perante o Poder Judiciário...E isso tudo agravado pela circunstância de que a constitucionalização de um conjunto tão ousado de garantias, sem a consecução consistente de políticas públicas e sociais correlatas, tem propiciado, sem dúvida, maior judicialização dos conflitos (TUCCI, 2015, P. 55).

de 1973 era estritamente fechado com previsões normativas rígidas e poucas cláusulas gerais[132]. O CPC/73 aduzia, dessa forma, uma nítida concepção liberal. Como decorrência desta visão, poucos eram os dispositivos que se referiam a demandas de caráter social e coletivo (MAZZEI, 2014). O direito processual constitui a expressão das concepções sociais, éticas, econômicas, políticas, ideológicas e jurídicas, inerentes a determinada sociedade. O Código de 1973 mostrou-se, assim, destoante frente à realidade na qual estava inserido[133].

Nesse contexto, elabora-se, então uma nova codificação processual civil, aprovada em março do ano de 2015, entrando em vigor em 18.03.2016. Diversas foram às alterações[134], sendo, uma das mais significativas à inserção de um modelo de precedentes, delineado no art. 926 e seguintes do Código de Processo Civil.

---

[132] [...] Essa insistência em estabelecer conceitos e definir institutos processuais está ligada aos velhos paradigmas pandeísticos da autonomia do direito e do papel sistematizante da ciência jurídica. Quase uma defesa contra o bartolismo, típico da tradição luso-brasileira, que era corrente na jurisprudência brasileira na época em que Buzaid elaborou o projeto, verificando-se então grande abertura para a doutrina nos pronunciamentos judicias (OLIVEIRA, 2010, P.2).

[133] [...] O novo Código de Processo Civil foi elaborado, desde a sua primeira versão-anteprojeto apresentado ao Senado, e assim se manteve até final aprovação-com a finalidade de atender aos anseios da população em geral. Priorizar a rapidez, a isonomia nas decisões de casos similares e a efetividade, sem descurar das garantias processuais constitucionais, tendo com meta inafastável um resultado necessariamente justo. Para alcançar este desiderato, o novo Código de Processo Civil, logo no Livro I, criou uma parte geral com um título único, "Das normas fundamentais e da aplicação das normas fundamentais do processo civil e o segundo da aplicação das normas processuais", contendo dois capítulos. O primeiro trata da das normas fundamentais do processo civil e o segundo da aplicação das normas processuais. Esta importante inovação trouxe para a parte inicial do Código as principais garantias constitucionais que balizam o sistema processual, as quais passam a retratar a principiologia do novo Código de Processo Civil-ressalva merece ser dada para o caráter não taxativo deste rol. Todos os demais livros, com seus respectivos títulos e capítulos, foram desenvolvidos a partir desses vetores normativos, podendo-se afirmar que existe uma relação direta entre eles (CARNEIRO, 2015, P. 57).

[134] Apenas a título de exemplificação, sem no entanto, desconsiderar a relevâncias das alterações não referenciadas nesta nota, pode-se mencionar: inserção de um dever de cooperação entre as partes (art. 6º), reconfiguração do contraditório (art. 10º) e do dever de fundamentação das decisões judiciais (art. 489, §1º e 2º), codificação do Incidente de Resolução de Demandas Repetitivas (IRDR), do Incidente de Assunção de Competência (IAC), inserção da tutela de evidencia no capítulo da tutela provisória, inclusão de um capítulo intitulado de "Normas Fundamentais do Processo Civil (Art. 1º ao 12), que além de reproduzir diversas normas previstas no texto constitucional de 1988, serve como norte interpretativo, dentre outros.

Sem imiscuir-se na polêmica inerente a nomenclatura[135], adota-se para fins deste artigo a expressão "precedentes" para se referir-se ao rol de provimentos judiciais elencados no art. 927 do CPC/2015 e seguintes, com força vinculante, que os juízes e tribunais devem observar ao proferirem decisões, para que a "jurisprudência"[136], se mantenha estável[137], integra[138] e coerente[139], nos termos do artigo 926, e seguintes do Código de Processo Civil.

Observa-se neste ponto que jurisprudência não se confunde com

---

[135] Apenas para mencionar a problemática em torno do tema, dentre outros, afirmam Lênio Luis Streck e Georges Abboud inexistir "Sistema de Precedentes", existindo, contudo, um conjunto de provimentos judiciais legalmente vinculantes (In: "O que é isto- o sistema (sic) de precedentes no CPC"?. Disponível em:< http://www.conjur.com.br/2016-ago-18/senso-incomum-isto-sistema-sic-precedentes-cpc>. Acesso em 18 fev. 2018). Para Hermes Zaneti Júnior, há que se falar "Precedentes Normativos formalmente Vinculantes" (Confira-se: "O Valor Vinculante dos Precedentes: Teoria dos Precedentes Normativos Formalmente Vinculantes". Ed: Juspodivm, 2016). Luiz Guilherme Marinoni adota a terminologia "precedentes judiciais". (Vide: Novo Código de Processo Civil Comentado. São Paulo: Editora Revista dos Tribunais, 2015). Registre-se, que o Fórum Permanente de Processualistas Civis (FPPC), por outro lado, parece entender que com o advento do novo CPC, há que se falar em um "microssistema de Precedentes". É o que se extrai dos enunciados 459 e 460, respectivamente: "As normas sobre fundamentação adequada quanto à distinção e superação e sobre a observância somente dos argumentos submetidos ao contraditório são aplicáveis a todo o *microssistema* de formação dos precedentes", e, "O *microssistema* de aplicação e formação dos precedentes deverá respeitar as técnicas de ampliação do contraditório para amadurecimento da tese, como a realização de audiências públicas prévias e participação do amicus curiae". Esta rápida menção, feita aqui em nota de roda-pé, a algumas das variadas nomenclaturas utilizadas pela doutrina, ilustra parte da polêmica envolvida na temática em questão.

[136] Adequado seria falar em estabilidade, integração e coerência do ordenamento jurídico.

[137] Nesse sentido, vide alguns enunciados do Fórum Permanente de Processualistas Civis: Enunciado 316: (art. 926): "A estabilidade da jurisprudência do tribunal depende também da observância de seus próprios precedentes, inclusive por seus órgãos fracionários". Enunciado 453: (art. 926 e 1.022, parágrafo único, I): "A estabilidade a que se refere o caput do art. 926 consiste no dever de os tribunais observarem seus próprios precedentes".

[138] Sobre a integridade, transcrevemos alguns enunciados do FPPC: Enunciado 456: (art. 926): "Uma das dimensões do dever de integridade consiste em os tribunais decidirem em conformidade com a unidade do ordenamento jurídico". Enunciado 457: (926): "Uma das dimensões do dever de integridade previsto no caput do art. 926 consiste na observância das técnicas de distinção e superação dos precedentes, sempre que necessário para adequar esse entendimento à interpretação contemporânea do ordenamento jurídico".

[139] Enunciado 454 do FPPC: (art. 926 e 1.022, parágrafo único, I): "Uma das dimensões da coerência a que se refere o caput do art. 926 consiste em os tribunais não ignorarem os seus próprios precedentes (dever de autorreferência)". Enunciado 455 do FPPC: (art. 926): "Uma das dimensões do dever de coerência significa o dever de não-contradição, ou seja, o dever de os tribunais não decidirem casos análogos contrariamente às decisões anteriores, salvo distinção ou superação".

precedente. Por jurisprudência compreende-se, em síntese, o conjunto de decisões judiciais reiteradas sobre o mesmo assunto, que embora se repitam sistematicamente, são desprovidas de força vinculante. Precedente, por sua vez, pode ser compreendido como uma decisão judicial, cujo fundamento (*ratio decidendi*) tem aptidão para ser utilizado como diretriz em julgamentos subsequentes, dotado, portanto, de força vinculativa[140]. Contudo, nem todas as decisões formam precedentes judiciais[141].

O modelo de precedentes justifica-se na medida em que o Estado Democrático de Direito reclama, sob pena de violação a diversos valores constitucionais, em especial à segurança jurídica, que tem como elemento central a proteção da confiança[142-143], que as decisões judiciais sejam proferidas de forma isonômica, sempre que existirem pretensões fundadas em questões de fato e de direito similares. Evitando-se com isso, provimentos jurisdicionais arbitrários, que reconduzem a indeterminação do discurso jurídico.

Coerência, estabilidade e integridade, garantem, desta forma o cumprimento do disposto no texto constitucional, evitando-se, ademais, "decisões surpresas", o que violaria o art. 10, do CPC/2015 [144].

Por vezes, embora uma decisão judicial possa ser reduzida a termos objetivos e impessoais, muitas vezes o que juiz está descobrindo no texto normativo não são os valores constitucionais, mas, seus próprios valores pessoais. Assim, a coerência entre as decisões judiciais é fundamental, não apenas para conferir autoridade e credibilidade ao Poder Judiciário, mas é também imprescindível ao Estado Democrático de Direito (MACCORMICK, 1995) [145].

O objetivo deste artigo é, portanto, analisar de forma sintética, porém,

---

[140] Precedentes podem ter por objeto questão de direito material ou processual.

[141] Enunciado 315 do FPPC: (art. 927): "Nem todas as decisões formam precedentes judiciais".

[142]Explica Karl Larenz, que o comportamento de um indivíduo gera expectativas legítimas aptas a induzir o comportamento de outrem. Tais expectativas não podem ser frustradas de maneira volúvel porque se fundamentam na boa-fé.

[143] Enunciado 323 do FPPC: (arts. 926 e 927): "A formação dos precedentes observará os princípios da legalidade, da segurança jurídica, da proteção da confiança e da isonomia".

[144] Ressalte-se, que o Fórum Permanente de Processualistas Civis, aprovou o Enunciado número 2, nos seguintes termos: (arts. 10 e 927, §1°): "Para formação do precedente, somente podem ser usados argumentos submetidos ao contraditório".

[145] Enunciado 169 FPPC: (art. 927): "Os órgãos do Poder Judiciário devem obrigatoriamente seguir seus próprios precedentes, sem prejuízo do disposto nos § 9° do art. 1.037 e § 4°a do art. 927".

Enunciado 170 FPPC: (art. 927, caput): "As decisões e precedentes previstos nos incisos do caput do art. 927 são vinculantes aos órgãos jurisdicionais a ele submetidos".

não superficial, se o modelo de precedentes, elencado no art. 926 e seguintes do Código de Processo de 2015, é apto a fornecer, sob a ótica racional procedimentalista[146], um critério de justiça a ser observado pelos juízes[147] ao proferirem as decisões judiciais.

Assim sendo, a problemática será desenvolvida em quatro tópicos. No primeiro analisar-se-á, suscintamente, as concepções de justiça Substancialistas e Procedimentalistas. No segundo analisar-se-á, se o precedente é típico dos sistemas de *common law*, ou se, é decorrente da teoria do direito. Posteriormente, expor-se-á, de forma resumida, as três concepções mais usais de precedentes, para verificar se algumas delas foram incorporadas pelo modelo brasileiro. No quarto e último tópico, será analisado se o modelo de precedentes codificado no art. 926 e seguintes do novo código de processo civil é capaz sob a ótica procedimentalista, de propiciar um critério de justiça para as decisões judiciais.

Ressalte-se, por oportuno, que embora a análise seja sucinta, haja vista que maiores imersões no tema seriam, por certo, objeto de um trabalho mais amplo, abordaremos as questões mais relevantes e sensíveis que lhe dizem respeito. Assim, ainda que a exposição seja breve, a complexidade inerente ao assunto não restará comprometida[148].

2. AS CONCEPÇÕES DE JUSTIÇA: PROCEDIMENTA-LISTAS E SUBSTANCIALISTAS. BREVES ANOTAÇÕES[149]

Dentre as diversas teorias e concepções da justiça, há dois eixos analíticos

---

[146] A análise perpetrada nesta exposição limita-se, portanto, a ótica racional procedimentalista. Sem se descuidar, no entanto, que se a questão exposta neste artigo, se submetesse a uma abordagem sob a perspectiva substancialista, tomaria, por certo, contornos distintos, o que por si só, demandaria trabalho autônomo, a fim de analisar o modelo de precedentes pela perspectiva do substancialismo.

[147] Adota-se a nomenclatura "juízes" em um sentido amplo. Não está se referindo unicamente aos juízes que atuam em 1ª instância, mas, também, a desembargadores e ministros de Tribunais Superiores.

[148] Todos os enunciados do Fórum Permanente de Processualistas Civis mencionados nas notas de rodapé deste tópico encontram-se disponíveis em: http:<//portalprocessual.com/wp-content/uploads/2015/06/Carta-de-Vit%C3%B3ria.pdf-.>. Acesso em: 18 fev. 2018.

[149] A análise a ser engendrada neste tópico é sucinta, apenas para expor, superficialmente, as duas principais concepções de justiça. Uma análise detalhada da temática demandaria trabalho autônomo, precipuamente para este fim. Para maior aprofundamento no tema remetemos o leitor para a obra: "O Humanismo como categoria constitucional". BRITTO, Carlos Ayres. 1ª Ed. Belo Horizonte: Fórum, 2003.

centrais, quais sejam: o Procedimentalismo e o substancialismo[150]-[151]. Em síntese, existem dois principais critérios para classificar uma teoria como substancialista ou procedimentalista, quais sejam: existência ou inexistência de um prévio padrão para classificar as decisões judiciais como justas ou injustas, e; existência ou não de valores compartilhados pela sociedade para analisar a justiça ou injustiça das decisões enquanto manifestação democrática da opinião e da vontade (JEVEAUX, 2015).

Ressalte-se, porém, que o procedimentalismo e substancialismo,

> [...] A rigor, não se antagonizam, porque a tutoria de certos princípios morais coletivos, que identificam a sociedade, por meio da Constituição e do sistema de controle judicial, exige que se adotem critérios de aferição da justiça ou injustiça das decisões políticas em nome daquela identidade, enquanto que a formação democrática da opinião e da vontade por meio de procedimentos, nos quais seja garantida a participação política de todos os sujeitos envolvidos prescinde desses princípios para validar a decisão política numa deliberação ulterior...Esses dois conceitos disputam também a arena em que se define a justiça social, com base na qual se pretende explorar o acesso a uma justiça substancial, no sentido do substancialismo. Trata-se de abordagem que de antemão se reconhece problemática, porque nem todos os autores da teoria da justiça social são considerados substancialistas e, portanto, não se pode associar automaticamente essas duas coisas (JEVEAUX, 2015, P. 441).

As teorizações substancialistas, pressupõem a existência de critérios valorativos prévios de aferição da justiça ou injustiça das decisões judicais, (liberdade, fraternidade, solidariedade, equidade, etc), sem se contentarem somente com a observância às regras procedimentais que conduzem a estas decisões.

São procedimentalistas, por sua vez, as teorias para as quais a concepção de justiça não tem como condição prévia fundamentar-se em valores compartilhados (mérito, autonomia da vontade, igualdade, liberdade, dentre outros), nem em conteúdos substantivos, mas, sim em procedimentos que asseguram a formação democrática da opinião e da vontade (OLIVEIRA; 2009 P. 41). Assim, as decisões judiciais, nesta concepção,

---

[150] Ressalte-se, no entanto, que a dicotomia Procedimentalistas X Substancialistas [...] "não é menos problemática do que o próprio conceito de justiça" (JEVEAUX, 2015, P.440).

[151] Não se está a afirmar, contudo, que as concepções de justiça se resumem a procedimentalismo x substancialismo, haja vista, que existem outras teorizações. A título de exemplificação é possível citar: Justiça como fraternidade, justiça social, justiça como racionalidade prática, dentre outros.

devem, tão somente, observar regras procedimentais anteriormente fixadas ("respeito às regras do jogo"), sem imiscuir-se na identificação de vetores axiológicos[152].

> Os procedimentalistas, por sua vez, acentuam o papel instrumental da Constituição: ela estaria primordialmente voltada à garantia de instrumentos de participação democrática e à regulação do "processo" de tomada de decisões, com a consequente valorização da liberdade política inerente à concepção democrática. Apesar de reconhecerem a penetração de valores substantivos nesse processo, defendem que a sua importância é meramente secundária, não dirigindo o processo em si. Ao Judiciário caberia tão somente assegurar a observância desse processo, cabendo a cada geração estabelecer as bases axiológicas sobre as quais se desenvolverá (HART, 1995, P. 88).

Esclareça-se, por oportuno, que embora, a principal característica do procedimentalismo seja a não exigência de padrões prévios de julgamento do resultado das decisões judiciais como justas ou injustas (JEVEAUX, 2015), há que se diferenciar as teorias procedimentalistas de matriz hobbesiana, das teorias procedimentalistas discursivas (racionais) [153].

O procedimentalismo discursivo racional é uma teorização fundamentada um procedimento discursivo prático racional, consequentemente, é um procedimento argumentativo e não decisional, pressupondo que a justiça comporta argumentação racional e deve ter como objeto as necessidades e interesses dos envolvidos nas demandas judiciais, de acordo com sua tradição e cultura. Assim, ao contrário das teorias procedimentalistas de raiz hobbesiana, não superestimam os argumentos corretos, que pressupõem, que juízos de justiça devem necessariamente corresponder a valores morais para que sejam verdadeiros.

Dessa forma, o discurso prático racional submete-se aos seguintes pressupostos: não contradição, universalidade, clareza linguística e conceitual. Ademais, os interessados são os sujeitos do discurso, que podem:

> [...] Problematizar qualquer questão; introduzir qualquer questão para debate (regra de imissão, pela qual os participantes podem introduzir

---

[152] Esclareça-se, todavia, que: [...] "não existe apenas uma concepção de procedimentalismo, de modo que as normas, as decisões e os processos argumentativos também podem ser avaliados sob o prisma da racionalidade prática" (JEVEAUX, 2015, P. 449).

[153] É possível, em que pese, existirem entre elas diversos pontos divergentes, classificar a Teoria da Argumentação de Robert Alexy, a Teoria do discursso de Jürgen Habermas e a teorização do Romance em cadeia de Ronald Dworkin, como teorias discursivas procedimentalistas.

suas próprias concepções de justiça; expressar suas opiniões, desejos, necessidades; sendo que nenhum interessado pode ser impedido de participar do discurso e tampouco coagido a dele participar caso não queira (JEVEAUX, 2015, P. 470).

Assim sendo, sob a ótica Racional Procedimentalista discursiva, os processos e decisões judiciais, devem observar as regras do jogo democrático, sendo, portanto, uma sucessão de atos jurídicos regulamentados por normas que preceituam a maneira pela qual se desenvolve a sequencia de atos e posições jurídicas, de maneira que o julgamento e sua fundamentação possam ser considerados como resultado de um jogo argumentativo. É sob essa vertente que se analisará o modelo de precedentes delineado no art. 926, e seguintes do CPC/15[154].

3. TEORIA DO DIREITO E PRECEDENTES. *COMMON LAW* E *CIVIL LAW*.

Precedentes não decorrem exclusivamente das tradições jurídicas de *Common Law,* isso porque são inerentes à Teoria do direito, assim, integram também os ordenamentos jurídicos de *civil law.*

Uma teoria do precedente judicial, só será válida universalmente, se restar comprovado que "[...] o tipo de raciocínio, ou melhor, o processo hermenêutico, seguido no momento de se interpretar e aplicar um precedente judicial é o mesmo em qualquer sistema jurídico" (BUSTAMANTE, 2012, p. 93), pouco importando se é de *common law* ou *civil law.* Ou seja, a validade está condicionada ao estabelecimento de regras de argumentação úteis que justifique a decisão de aderir a, afastar-se de, ou modificar um precedente judicial, que se apliquem a qualquer ordenamento jurídico, pouco importando sua tradição (BUSTAMANTE, 2012). Durante o século XIX, período de significativa hegemonia da doutrina juspositivista, as diferenças entre esses sistemas jurídicos tornaram-se mais acentuadas.

A rigorosa separação entre um direito estritamente codificado e um direito jurisprudencial é resquício da forma de pensar positivista que:

---

[154] Faz-se necessário aduzir que [...] "mesmo as concepções procedimentalistas não estão totalmente isentas de argumentos ou princípios morais, embora não confessados. Tudo depende do tipo de discurso que se adota em torno da justiça, que pode se manifestar de dois modos: como ciência, na qual se encontra uma teoria da justiça, de caráter descritivo, ou como filosofia, na qual se encontra uma ideologia da justiça, de caráter prescritivo. Embora as concepções procedimentalistas e substancialistas apresentem em geral como teorias, no plano do discurso acabam assumindo um caráter ideológico e prescritivo (JEVEAUX, 2015, P. 502).

> [...] considerava o Direito apenas como um objeto estático a ser analisado e previa para a teoria jurídica apenas uma dimensão analítica e descritiva, cujo método fundamental era um certo conceptualismo e um apelo a classificações e dicotomias tais como Direito positivo/Direito natural, norma válida/inválida; ser/dever-ser; norma proposição jurídica; Direito subjetivo/obrigação jurídica; ciência do direito expositória/censorial, dentre outras (BUSTAMANTE, 2012, p. 93).

A tese da autonomia metodológica entre o *civil law* e o *common law*, todavia, assenta-se em falsas premissas. Isso porque, baseia-se em comparar equivocadamente interpretação/aplicação da lei e interpretação/aplicação do precedente. Ou seja, são métodos distintos, razão pela qual não podem ser comparados. Assim como não se comparam "[...] peras e uvas apenas porque são frutas, não se pode comparar a interpretação/aplicação das leis com a interpretação/aplicação de precedentes, apenas porque seu resultado são decisões judiciais" (ZANETI JÚNIOR, 2016, p. 328).

Ademais, uma análise estrutural do processo de formação e concretização do Direito, aponta que este necessariamente apresenta uma dúplice dimensão, unindo racionalidade e autoridade. A antiga diferenciação entre as tradições jurídicas que determinava o método indutivo para o *common law* e o método dedutivo para o *civil law* , "[...] é na verdade resultado da preponderância de um modelo de precedentes e de um modelo leis" (ZANETI JÚNIOR, 2016, p. 329). Partia-se da premissa de que na tradição jurídica do *common law*, os juízes aproximavam-se do *case law* e extraiam deste caso, princípios e regras.

Analisando a decisão jurídica sobre a ótica da sua justificação, como faz, dentre outros, Maccormick, resta evidente que do ponto de vista dos processos de raciocínio não há diferenças sensíveis entre *civil law e common law*.

> [...] For my part, however, I do not believe that in truth and in substance there is as profound a difference between common law and civilian proccesses of reasoning as the considerable but superficial difference of appearances would suggest. I do not want to minimise that superficial difference- indeed I have already laid considerable stress on it-nor to underemphasise the important differences of traditions which is relevant to its explanation. But I want strongly to suggest that style is not all, and that yet more important are the fundamental elements of legal reasoning wich appear to me probably to be common to legal operations at least in all relatively highly developed legal orders (MACCORMICK, 1978, p.

170-171)[155]

Tanto na tradição jurídica de *Civil law* ou *Common law* a postura do intérprete será eminentemente dedutiva quando houver uma regra geral à qual os fatos do caso possam ser reconduzidos pelo mecanismo da subsunção. Semelhantemente, quando o julgador parte de uma regra que regule uma situação concreta A para, por analogia, encontrar uma regulação semelhante para o caso A', necessário será encontrar por indução, um princípio geral capaz de abarcar tanto o caso A quanto o A'. Ou seja, pouco importa se estamos diante de uma regra produzida pelo julgador ou legislativamente, o processo de raciocínio é o mesmo.

> [...] As duas formas de raciocínio-indução e dedução-estarão sempre presentes, em maior ou menor grau, na atividade judicante, em qualquer sistema jurídico. A fonte da confusão que subjaz a tese da autonomia metodológica do *common law* está em certas diferenças que notoriamente existem entre a interpretação legislativa e o desenvolvimento do direito por analogia, mas é claro que tanto uma quanto outra têm lugar seja no *common law* quanto no *civil law* razão pela qual do ponto de vista teórico, não há diferença relevante entre o processo de produção do Direito jurisprudencial no *civil law* e no *common law*. Para o Positivismo Jurídico – que, embora decadente, ainda é o pano de fundo das duas tradições jurídicas – em ambos os casos o juiz é metodologicamente livre e sua atividade consiste em um ato de criação normativa com fundamento nas normas gerais do ordenamento em que a decisão se insere. O processo de raciocínio, como a análise de Kelsen permite crer, é o mesmo nas duas tradições jurídicas. O Direito judicial – embora tenha vinculatividade ou força diferente nas duas tradições – forma-se do mesmo modo (BUSTAMANTE, 2012, p. 103).

Sendo assim, ainda que subsistam certas diferenças no estilo judicial, o esquema silogístico da subsunção é inerente tanto aos sistemas jurídicos herdeiros da *civil law* quanto aos da *common law* (MACCORMICK, 2008, p. 63).

---

[155] Tradução livre: "De minha parte, não acredito que exista uma diferença em verdade e substância entre os processos de justificação nas tradições *civil law* e *common law*, como as consideráveis, mas aparentes e superficiais diferenças aparentam sugerir. Não é minha intenção que essas diferenças superficiais sejam minimizadas, até porque, de fato, algumas são essenciais para explicar a diferenciação entre os modelos. Contudo, o mais importante a ser considerado são os elementos fundamentais das razões jurídicas/ argumentação judicial/ raciocínio jurídico desenvolvido nas operações jurídicas, que me parece ser o mesmo em todos os ordenamentos jurídicos altamente desenvolvidos".

Afirmar que os juízes do *common law* apenas procedem por analogia mostra-se dissociado do que realmente ocorre nos ordenamentos jurídicos contemporâneos. Da mesma forma, negar a crescente e expressiva admissão da força normativa dos precedentes nos ordenamentos de *civil law*, "[...] seria deixar de enxergar o óbvio, quer pela internalização de uma presunção a favor dos precedentes, quer pela crescente legislação que torna vinculatória a observância dos precedentes nestes países" (ZANETI JÚNIOR, 2016, p. 329).

É crescente a aproximação entre sistemas de *civil law*, e, *common law*, haja vista utilizarem substancialmente o mesmo método decisório para aplicar, "[...] ora regras legais, ora regras resultantes de precedentes, especialmente quando estes precedentes, decorrem de decisões das cortes Supremas" (ZANETI JÚNIOR, 2016, p. 330). Em ambas as tradições jurídicas (*civil law* e *common law*), a justificação internas das decisões, dar-se-á por subsunção, justificando-se, desta forma, o direito aplicável ao caso-presente, quer a partir de uma norma- precedente, quer partir de uma norma-lei (ZANETI JÚNIOR, 2016). Entende-se por justificação interna, o controle lógico formal do raciocínio judicial a partir do conteúdo do próprio ato decisório. O objetivo da justificação interna é conferir a validade das inferências baseando-se nas premissas estabelecidas na própria decisão.

A justificação externa, por seu turno, diz respeito à fundamentação das premissas da decisão, seus aspectos fáticos e jurídicos, que dependem do controle da correta argumentação do juiz ou tribunal no momento da decisão, "[...] referem-se ao ponto de vista substancial do direito em um determinado ordenamento, em um dado momento histórico, e aos fatos concretos relacionados à causa" (ZANETI JÚNIOR, 2016, p. 147). É um controle jurídico e fático, examina-se não apenas a validade das inferências, mas, também a fundamentação das premissas.

O objeto da justificação externa é o controle da solidez, da correção, dos pressupostos fáticos e jurídicos da decisão (ZANETI JÚNIOR, 2016). A combinação de ambos os métodos de justificação, permite o resgate do silogismo, como forma de controle interno da fundamentação das decisões. "Em maior ou menor grau, o juiz adota ambas as atividades em qualquer sistema jurídico" (BUSTAMANTE, 2012, p. 111).

Não há, portanto, "[...] diferenças paradigmáticas que sustentem a distinção radical de métodos entre os sistemas ou tradições, a evolução do direito acabou jogando por terra as antigas dissensões entre *common law (judge-made law)* e a *civil law (code based legal systems)*" (ZANETI JÚNIOR, 2016, p. 98).

Assim, resta claro que o precedente, sendo inerente à Teoria do Direito, não é ínsito apenas à Commom Law, daí ser possível conceber a sistematização de um modelo de precedentes também para as tradições jurídicas de *civil law*[156], observando as peculiaridades que lhe dizem respeito[157].

4. PRECEDENTES COMO: ANALOGIAS, PRINCÍPIOS E REGRAS[158].

Os precedentes judiciais podem ser analisados a partir de três perspectivas distintas, quais sejam: como analogias, princípios ou regras. Em que pese estas classificações divergirem quanto à terminologia

> [...] Um ponto comum entre elas aparece na identificação de um tipo de precedente que se caracteriza como aquele que deve ser seguido, mesmo que o Juiz ou Tribunal o considere incorreto ou irracional, ou estabelece um entendimento que deverá ser obrigatoriamente seguido em casos análogos, ou ainda devido a circunstância de o juiz não poder revogar a decisão, ainda que tenha bons fundamentos para não respeitá-la (MAUÉS, 2012, P.588).

Ainda que essas análises admitam que os juízes façam distinções dos

---

[156] A sistematização de um modelo de precedentes para os ordenamentos jurídicos de *Civil law*, deve observar, contudo, as peculiaridades que lhe são inerentes, sob pena de se tornar discrepante frente a realidade na qual se encontra inserido, tornando-se ,desta forma, de complexa operacionalização, o que por certo o desvirtuaria dos objetivos pelos quais fora concebido, qual seja, conferir ao ordenamento jurídico estabilidade, integridade e coerência.

[157]Não se está afirmando, todavia, conforme será demonstrado adiante, que este modelo de precedentes deve ser aplicável irrestritamente a todas as leis processuais existentes em um dado ordenamento jurídico. Assim como há uma teoria do processo, denominada por alguns de "teoria geral" com institutos e diretrizes a serem observadas pelos diversos ramos processuais existentes, há que se conceber um "modelo geral de precedentes", o que no caso do Brasil, já fora regulamentado nos art. 926 e seguintes do Código de Processo Civil, a ser aplicado supletiva, residual e subsidiariamente àqueles, devendo cada um dos vários ramos do direito processual, desenvolver seu modelo próprio, haja vista que, além das particularidades que naturalmente lhe dizem respeito, por vezes, tutelam distintos bens jurídicos, o que por si só, reclama o desenvolvimento de modelagem própria.

[158] Neste tópico, serão feitos brevíssimos apontamentos a respeito das três concepções mais usuais sobre os precedentes, para verificar se algumas delas foram incorporadas pelo modelo brasileiro, sem analisar, todavia, as consequências advinhas da adoção de um modelo de decisão baseado na aplicação de precedentes como regras, princípios ou analogias, o que transbordaria o objeto desta exposição.

casos no momento de aplicação dos precedentes, elas tendem a limitar essa atividade.

4.1.   Precedentes como regras

A partir de uma concepção de precedentes como generalizações enraizadas, Frederick Schauer desenvolveu sua teoria dos precedentes. Explica, em síntese, que nos sistemas de *Common Law* os juízes decidem aplicando princípios que justificam decisões anteriores. Com o passar do tempo, algumas destas justificativas tornam-se recorrentes, o que contribui para o desenvolvimento de uma série de prescrições gerais que aparecem como regras e, assim, são tratadas pelos magistrados. Mesmo que tais regras não estejam descritas em códigos, são coercitivas e vinculam os juízes em seus processos de tomada de decisão (SCHAUER, 1991).

> [...] Schauer reconhece que uma das características que distinguem o *common law* é possibilidade de que as regras que integram o sistema sejam modificada se o caso assim o exigir, isto é, quando o juiz entender que a aplicação da regra não é consistente com sua justificativa ou não representa uma boa política. Casso isso sempre ocorresse, argumenta o autor, não haveria regras prescritivas no *common law*, uma vez que elas não poderiam impor nenhum tipo de obrigação. Assim, o sistema seria baseado em decisões de acordo com justificativas, uma vez que as regras somente seriam aplicáveis a novos casos se fossem consistentes com o conjunto de políticas e princípios do sistema. Todas as generalizações nele contidas seriam consideradas contingentes e possíveis de aperfeiçoamento. Essa visão não corresponde, contudo, aos sistemas de *common law* realmente existentes. Na prática, esses sistemas funcionariam de modo menos instrumental e mais formalista, tratando o entendimento geral que existe sobre uma regra como algo que se aplica ao menos presuntivamente. Tais interpretações, formuladas como sínteses de um conjunto de decisões anteriores, possuem peso normativo mesmo quando suas justificativas de fundo não forem atendidas. Portanto, as regras do *common law* também operam como regras no sentido exposto por Schauer, uma vez que suas formulações se tornam enraizadas e seu sentido determina-ao menos influencia-a decisão dos casos subsequentes mais do que a aplicação de suas justificativas (MAUÉS, 2012, P. 597).

Os precedentes configuram o modo pelo qual as regras enraízam-se no *common law*. Um sistema de precedentes pressupõe que o tratamento anterior A dado a situação B, constitui, em virtude de seu valor histórico, uma razão para tratar A do modo C se e quando A, ocorra novamente. O contraponto do argumento firmado no precedente é o argumento baseado na experiência. O valor da argumentação baseada na experiência depende da probabilidade de que o caso presente se assemelhe ao caso passado, pois, caso se conclua que o caso em análise se distingue do anterior, a experiência torna-se irrelevante.

Ademais, se considerarmos que as decisões tomadas no passado restaram equivocadas, a experiência perde seu valor. Já para o argumento do precedente, o fato de algo fora anteriormente julgado lhe confere peso decisório no presente, mesmo que se entenda que a decisão estava errada.

Para Schauer se uma conclusão atual baseia-se exclusivamente em argumentos a favor ou contra ela, não há recurso ao precedente, ainda que a mesma conclusão tenha sido obtida no passado. O precedente só é considerado relevante se a decisão anterior continuar influenciando a decisão atual, ainda que ela seja julgada incorreta, o que pressupõe que o argumento do precedente opera, precipuamente, como argumento de regra. (SCHAUER, 1991).

Da mesma forma que o argumento da regra confere um peso independente ao resultado por ela indicado, o argumento do precedente atribui um peso independente ao resultado que se assemelha ao obtido no passado, motivo pelo qual ele é considerado vinculante e não persuasivo. Tanto a descrição dos fatos do precedente, sua fundamentação e bem como as categorias por ele utilizadas podem servir como generalizações e conter o predicado factual de uma regra que deve ser aplicada.

Assim Sendo, as regras que derivam dos precedentes são, portanto, um subconjunto das regras prescritivas, e os questionamentos sobre o peso e status das regras também são aplicáveis aos precedentes.

4.2. Precedentes como analogias

Cass Sunstein desenvolveu sua teoria baseando-se nas democracias ocidentais contemporâneas, que para o autor caracterizam-se por serem demasiadamente heterogêneas e pela existência no bojo de tais sociedades de grandes divergências sobre os princípios que devem reger a sociedade. Ausência de consenso a respeito do papel da religião na esfera pública, das questões de gênero, das concepções de liberdade, do alcance do direito de propriedade, dentre outros, são apenas alguns exemplos dos conflitos que ocorrem nesse âmbito (SUNSTEIN, 1996).

Nesse ambiente de divergência, Sustein propõe que os juízes que também adotam diferentes posições sobre temas fundamentais, decidam as controvérsias com base em acordos teóricos incompletos, para que gerem estabilidade social em meio a diversidade. Esses acordos caracterizam-se por operar mais com resultados concretos do que com abstrações, permitindo, desta forma, que seja obtida concordância mesmo entre pessoas que pensam diferente.

Para ele nos acordos teóricos incompletos, os participantes concordam com o resultado, mesmo discordando com a teoria mais geral que pode justifica-lo.

> [...] Deixando de lado os princípios mais abstratos, as pessoas podem estar de acordo com uma regra-reduzir a poluição de água, permitir sindicalização de trabalhadores-ou podem aceitar um resultado-manutenção do direito ao aborto, proteção de formas de arte sexualmente explícitas-, mesmo sem convergir sobre seus fundamentos. No âmbito judicial, isso significa que a concordância sobre uma determinada decisão não exige que os juízes compartilhem uma mesma teoria geral, o que é especialmente importante tendo em vista que, em uma sociedade democrática, o judiciário não deve substituir o processo político da definição dos princípios fundamentais (MAUÉS, 2012, P. 598).

Dentre as várias ferramentas de raciocínio jurídico, Sustein destaca as analogias como uma das principais formas de se obter acordos teóricos incompletos. Para que os juízes decidam que um caso é semelhante ao outro é necessário utilizar princípios que, na maioria das vezes, operam em nível inferior, o que permite chegar a um acordo sem recorrer a teoria gerais. O estudo do raciocínio analógico serve para Sustein defender a aplicação dos precedentes como analogias.

Para expor de que maneira o raciocínio analógico lida com os precedentes, o autor diferencia três tipos de julgamentos: (a) os precedentes vinculantes que não podem ser revogados pelos juízes, tais como as decisões da Suprema Corte norte-americana em relação aos tribunais inferiores; (b) os precedentes não vinculantes, que podem ser revogadas em situações excepcionais e; (c) julgamentos hipotéticos que, embora não constituam precedentes, são tão óbvios que assumem o mesmo status, como por exemplo, a impossibilidade de prisão de um indivíduo por professar sua fé (SUNSTEIN, 1996).

Afirma, também, que apensar das diferenças, em todas as situações é necessário identificar a *holding,* do caso, isto é, a fundamentação mínima da decisão que deverá ser aplicada a casos posteriores. A fundamentação da *holding,* porém, não está baseada na descoberta de algo que já se encontra no precedente, mas sim em uma construção feita pelos tribunais a que eles se vinculam. Essa construção permite que o precedente funcione tanto como uma analogia, como uma regra.

Como regra o precedente se aplica a casos similares a ele, isto é, casos que não possuem diferenças relevantes. Como analogia, o precedente se aplica a casos em que, mesmo existindo algumas diferenças, seu princípio é relevante para solucioná-lo (MAUÉS, 2012).

No entanto, o próprio Sunstein reconhece que não é fácil apurar quando um precedente atua como regra e quando ele atua como analogia, visto que a resposta só é obtida mediante a análise do caso posterior e depende que certos entendimentos sejam compartilhados pela comunidade.

Para Sunstein a concepção de precedentes como analogias é uma alternativa superior às regras e às teorias gerais. O raciocínio analógico exige um compromisso com a consistência e com o direito a igual tratamento: C não pode ser tratado de forma distinta a E, a menos que exista uma diferença relevante entre eles.

Ademais, as analogias, podem nesta perspectiva ser uma fonte de princípios e de políticas, para tanto os juízes devem saber encontra-los nos precedentes. O respeito aos precedentes como analogias evita que juízes utilizem teorias confusas ou sectárias. O raciocínio analógico com base nos precedentes promove os valores da previsibilidade e da proteção das expectativas (SUNSTEIN, 1996).

> [...] Particularmente no campo do direito constitucional, o uso do raciocínio analógico com base em precedentes também contribui para legitimar o exercício do *judicial review*, pois leva a utilizar decisões anteriores que sobrevivam no tempo e contam com um alto grau de aprovação popular. Tais decisões devem funcionar como pontos fixos para a investigação de casos futuros, evitando que os juízes se envolvam com justificações filosóficas (MAUÉS, 2012, P. 604).

A observância dos precedentes na perspectiva de Sunstein, desobriga os juízes de recriarem a cada momento os fundamentos do direito. E, por derradeiro, precedentes e analogias facilitam o surgimento de acordo entre julgadores, que mesmo divergindo sobre vários assuntos, reconhecem como válidas as decisões anteriores, o que viabiliza um diálogo entre eles.

4.3.   Precedentes como princípios

Por fim, analisar-se-á a concepção dos precedentes como princípios. Para expor de que maneira a integridade se configura no âmbito jurisdicional, Dworkin utiliza a ideia do romance em cadeia. De acordo com essa metáfora, um grupo de autores escreve um romance em que cada um interpreta os capítulos anteriores para escrever um novo capítulo que, então, será adicionado ao material que o próximo romancista receber. Cada autor deve escrever seu capítulo de modo a tornar o romance o melhor possível, sem perder sua unidade (DWORKIN, 1999).

Trazendo a ideia do romance em cadeia para o exercício da jurisdição, verifica-se que a integridade trata o direito como um conjunto coerente de princípios, sejam eles explícitos ou implícitos, devendo o juiz se perguntar sobre a adequação e justificativa de sua decisão em face desses princípios.

> [...] A concepção da integridade, portanto, nos convida a interpretar os precedentes buscando os princípios morais que os fundamentam, a fim de decidir se eles devem ou não se aplicar ao caso atual. Ela não exige que as decisões passadas sem repetidas, sob o argumento de que casos iguais devem ser tratados igualmente. Se um precedente não se fundamenta em princípios, ele não deve ser aplicado, do mesmo modo que são os princípios que nos permitem identifica se as diferenças entre os casos devem ser consideradas relevantes ou não. A integridade oferece razões para que o precedente seja mantido se não houver nenhum princípio que venha a ser violado quando de sua aplicação ao caso, da mesma forma que ela justifica a distinção entre os casos e a não aplicação do precedente em razão de um princípio cuja aplicação ao caso atual seja mais coerente com o conjunto do sistema jurídico do que a aplicação do princípio pressuposto nos casos anteriores (MAUÉS, 2012, P. 604).

Sob a ótica da integridade, os precedentes devem ser interpretados buscando os princípios morais que os fundamentam, para decidir se eles são aplicáveis ou não ao caso em análise. Ela não impõe que decisões anteriores sejam repetidas, sob o argumento de que casos iguais devem ser tratados igualmente. A integridade fornece critérios para que o precedente seja mantido se não houver nenhum princípio que venha a ser violado quando de sua aplicação ao caso, da mesma forma que ela justifica a distinção entre os casos e a não aplicação do precedente em razão de um princípio cuja aplicação ao caso em análise seja mais coerente com o conjunto do sistema jurídico do que a aplicação do princípio pressuposto nos casos anteriores.

A interpretação dos precedentes se aperfeiçoa na medida em que crescer os números de casos analisados pelo juiz para tomar sua decisão, para que desta forma ele identifique o peso relativo que os diferentes princípios possuem no sistema jurídico. Partindo dos casos diretamente relacionados ao caso atual para casos no mesmo ramo do direito, ou mesmo além, se for necessário, o juiz poderá abarcar um conjunto amplo de decisões anteriores aptas a lhe permitir que decida qual princípio, dentre aqueles que concorrem para a solução do caso, mais se ajusta a esse conjunto e oferece melhor justificativa (DWORKIN, 1999).

A sucinta exposição das três principais concepções de precedentes demonstram, que o modelo de precedentes delineado no CPC/15, em que pese, assemelhar-se em alguns pontos destas teorizações, detém características peculiares, que acabam o afastando destas três concepções, restando claro, que não no modelo brasileiro a adoção de nenhuma destas concepções.

5. O MODELO DE PRECEDENTES DO CPC/2015 E A (IM) POSSIBILIDADE DE EFETIVAÇÃO DE UM CRITÉRIO DE JUSTIÇA PARA AS DECISÕES JUDICIAIS.

O Modelo de Precedentes do CPC/15 está delineado no art. 926 e seguintes do CPC. Esclareça-se *ab initio*, que os precedentes tornam-se necessários para o controle da fundamentação judicial e redução da discricionariedade.

> [...] Ao que parece o legislador brasileiro já se apercebeu desta necessidade. Não é saudável que convivamos eternamente com tribunais decidindo concomitantemente, de forma diferente, a mesma questão. Assim, como não é conveniente que nossos tribunais sejam tribunais de grandes viradas (WAMBIER, 2009, P. 146).

Neste panorama, gradativamente foram inseridas na Constituição e em legislações infraconstitucionais, diversas técnicas processuais com o objetivo de viabilizar a aplicação dos precedentes no direito brasileiro, destacando-se, dentre elas a inserção na constituição, por intermédio da Emenda Consitucional n° 45, da súmula vinculante, do mecanismo da repercussão geral, além de atribuição de eficácia vinculante e *erga omnes,* a as decisões do STF. O Novo Código de Processo Civil, inserido neste contexto, estabelece, então, no art. 926 e seguintes um modelo de precedentes.

Os artigos 926 e 927 traçam diretrizes para a aplicação e formação dos precedentes. Nesse sentido, preocupam-se com a preservação da unidade interpretativa, além de organizarem a vinculação horizontal (autovinculação). Todo e qualquer tribunal deve manter a unidade do ordenamento jurídico por meio de precedentes que garantam a estabilidade, integridade e coerência. "Significa essencialmente que os cidadãos possam antever ou antecipar a consequência de seu caso e, assim, possam tomar decisões com base nas regras previamente usadas pelos juízes nos fatos semelhantes" (GASCÓN, 2012, P. 37).

Além disso, tais dispositivos marcam "a vedação de que o Tribunal edite enunciado de súmula que se atenha as circunstâncias fáticas dos casos precedentes" (ZANETI, 2016, P. 364). Esses artigos formam, portanto, o núcleo base do modelo de precedentes, estabelecendo um rol de precedentes de observância obrigatória por juízes e tribunais. Tem sua justificativa, portanto, não na autoridade do juízo que o profere, mas sim, em sua importância para a racionalização do ordenamento jurídico.

Ressalte-se, ademais, que os precedentes relacionam-se intrinsecamente com o art. 489, do CPC, que trata dos elementos e dos efeitos da sentença. "No âmbito do dever de motivação das decisões judicias, tem por evidente finalidade incrementar o controle sobre a aplicação dos precedentes jurisprudenciais" (VASCONCELOS, 2013, P. 258). Este artigo estabelece a vinculação vertical aos precedentes e seu modo de operação nas decisões judiciais.

Este modelo é, portanto, "tipicamente brasileiro", com institutos e teorizações precipuamente originárias de nosso ordenamento jurídico.

> [...] Não é nova a tentativa de incorporação da teoria dos precedentes a práxis brasileira. Alguns entraves arraigados à cultura do País dificultam, entretanto, a melhor compreensão e aplicação dos precedentes, atualmente, o Brasil pratica o que Ladeira e Bahia (2014) chamam de "commom law à brasileira". Esse fenômeno se traduz no completo desvirtuamento da teoria originalmente derivada dos países de sistema *common law*. Ocorre que os órgãos jurisdicionais brasileiros aplicam apenas o dispositivo ou o acórdão da decisão geradora do precedente, desvinculando de fundamentação que indique sua (in) adequação ao caso concreto. Olvidam-se das circunstâncias do caso precedente, que não podem ser desvendadas pelo simples teor de uma ementa (JUNQUILHO, 2015, P. 87).

No entanto, o modelo brasileiro de precedentes ainda deve ser aprimorado. Equívocos em sua aplicação e desenvolvimento "poderá servir de instrumento àquilo que em certos setores se tem designado por neocolonialismo". Não raro, a motivação reduz-se à enumeração de precedentes (MOREIRA, 2005, P. 16). Assim, o raciocínio judicial é substituído pela mera invocação de julgados anteriores.

O contexto no qual se encontra inserido atualmente a práxis brasileira no tocante a motivação das decisões judicias, em que pese a existência de critérios pré-fixados pelo CPC/15, é complexo. Não raramente, depara-se com uma jurisprudência *banana boat*[159] e constata-se uma "[...] uma prática judiciária errática, sendo corriqueiras as divergências entre julgadores de um mesmo tribunal" (RAMIRES, 2010, P. 111).

Mostram-se, destoantes, assim do modelo de precedentes que casos idênticos sejam decididos com fundamentações diversas, desprezando a autovinculação ou a vinculação horizontal, gerando, desta forma insegurança jurídica e desrespeito à igualdade dos jurisdicionados.

As decisões judiciais proferidas em modelo de precedentes, sob a ótica do procedimentalismo discursivo racional, conforme exposto em tópico anterior, devem comportar uma argumentação racional e deve ter como objeto as necessidades e interesses dos envolvidos nas demandas judiciais, de acordo com sua tradição e cultura.

Além de se submeterem aos pressupostos da: não contradição, universalidade, clareza e linguística conceitual, observam as regras do jogo democrático, sendo, portanto, uma sucessão de atos jurídicos regulamentados por normas que preceituam a maneira pela qual se desenvolve a sequencia de atos e posições jurídicas, de maneira que o julgamento e sua fundamentação possam ser considerados como resultado de um jogo argumentativo.

O modelo de precedentes CPC/15 apresenta uma proposta "coerente, compromissada e com fundamento nas premissas da racionalidade, estabilidade, coerência, vinculação aos fatos da causa" (ZANETI JÚNIOR, 2016, P. 343).

Analisando o modelo brasileiro de precedentes do CPC/15 sob a perspectiva do procedimentalismo discursivo racional, constatar-se-ia que, é possível, *prima facie,* que se propicie um critério de justiça para as decisões judiciais.

No entanto, tem-se que, em virtude da ausência de uma concepção de precedentes como regras, princípios ou analogias, bem como de eventuais desvirtuamentos na aplicação da teoria dos precedentes, por meio da utilização de fragmentos de acórdãos desvinculados da solidez argumentativa e das razões de ser do caso originário do procedente, tem-se que as regras procedimentais contidas na legislação processual civil, por si só, podem eventualmente, serem insuficientes para efetivar a justiça nas decisões judiciais.

---

[159] Expressão aduzida pelo Minstro Humberto Gomes de Barros.

6. CONSIDERAÇÕES FINAIS

O objetivo desta breve exposição fora analisar, sinteticamente, se o modelo de precedentes delineado no art. 926 e seguintes do Código de Processo Civil de 2015 é capaz sob a ótica procedimentalista, de propiciar um critério de justiça para as decisões judiciais.

Dentre as diversas teorias e concepções da justiça, há dois eixos analíticos centrais, quais sejam: o Procedimentalismo e o substancialismo.

As teorizações substancialistas, pressupõem a existência de critérios valorativos prévios de aferição da justiça ou injustiça das decisões judicais, (liberdade, fraternidade, solidariedade, equidade, etc), sem se contentarem somente com a observância às regras procedimentais que conduzem a estas decisões.

São procedimentalistas, por sua vez, as teorias para as quais a concepção de justiça não tem como condição prévia fundamentar-se em valores compartilhados (mérito, autonomia da vontade, igualdade, liberdade, dentre outros), nem em conteúdos substantivos, mas, sim em procedimentos que asseguram a formação democrática da opinião e da vontade.

O procedimentalismo discursivo racional é uma teorização fundamentada um procedimento discursivo prático racional, consequentemente, é um procedimento argumentativo e não decisional, pressupondo que a justiça comporta argumentação racional e deve ter como objeto as necessidades e interesses dos envolvidos nas demandas judiciais, de acordo com sua tradição e cultura. Assim, ao contrário das teorias procedimentalistas de raiz hobbesiana, não superestimam os argumentos corretos, que pressupõem, que juízos de justiça devem necessariamente corresponder a valores morais para que sejam verdadeiros.

Assim sendo, sob a ótica Racional Procedimentalista discursiva, os processos e decisões judiciais, devem observar as regras do jogo democrático, sendo, portanto, uma sucessão de atos jurídicos regulamentados por normas que preceituam a maneira pela qual se desenvolve a sequencia de atos e posições jurídicas, de maneira que o julgamento e sua fundamentação possam ser considerados como resultado de um jogo argumentativo.

Demonstrou-se que precedentes não decorrem exclusivamente das tradições jurídicas de *Common Law,* isso porque são inerentes à Teoria do direito, assim, integram também os ordenamentos jurídicos de *civil law.*

Aludida questão, embora se mostre eminentemente teórica, é de extrema relevância, isso porque, sendo o precedente, inerente à Teoria do Direito, não é ínsito apenas à *Commom Law,* daí ser possível conceber a sistematização de um modelo de precedentes também para as tradições jurídicas de *civil law,* observando as peculiaridades que lhe dizem respeito.

Demonstrou-se, ademais, que os precedentes podem ser concebidos como regras, princípios ou analogias.

Analisando o modelo brasileiro de precedentes do CPC/15 sob a perspectiva do procedimentalismo discursivo racional, constatar-se-ia que, é possível, *prima facie,* que se propicie um critério de justiça para as decisões judiciais.

No entanto, tem-se que, em virtude da ausência de uma concepção de precedentes como regras, princípios ou analogias, bem como de eventuais desvirtuamentos na aplicação da teoria dos precedentes, por meio da utilização de fragmentos de acórdãos desvinculados da solidez argumentativa e das razões de ser do caso originário do precedente, tem-se que as regras procedimentais contidas na legislação processual civil, por si só, podem eventualmente, serem insuficientes para efetivar a justiça nas decisões judiciais.

Por fim, com tais notas, espera-se que a temática venha a ser debatida com mais profundidade a partir das questões sensíveis que se pode tirar do diálogo entre o Direito Processo Civil e a Teoria do Direito.

7. REFERÊNCIAS BIBLIOGRÁFICAS

BRITTO, CARLOS Ayres. **O Humanismo como categoria constitucional.** 1ª Ed. Belo Horizonte: Fórum, 2003.

BUSTAMANTE, Thomas da Rosa de. **Teoria do Precedente Judicial:** a justificação e aplicação de regras jurisprudenciais. São Paulo: Noeses, 2012.
_____. **Finding analogies between cases:** On Robert Alexy's third basic operation in the application of law. In: _____; Bernal, Carlos (Eds). Beijing: Nomos, 2012. Disponível em: <http://papers.ssrn.com/sol3/papers.cfm?abstract_id=2017469>. Acesso em: 18 fev. 2018.

CARNEIRO, Paulo Cezar Pinheiro. In: WAMBIER, Teresa Arruda Alvim et. Al., (Coord.). **Breves Comentários ao Código de Processo Civil.** São Paulo: Editora Revista dos Tribunais, 2015, p. 57- 97.

COURA, ALEXANDRE DE CASTRO; FONSECA, Bruno Gomes Borges da. O que os Direitos Fundamentais têm a ver com democracia à luz da Teoria Discursiva de Jürgen Habermas. **Revista Eletrônica da Seção**

Judiciária do Espírito Santo, 2014. Filosofia e direito: ética, hermenêutica e Jurisdição.

CARVALHO NETO, Menelick de. A hermenêutica constitucional e os desafios postos aos direitos fundamentais. In SAMPAIO, José Adércio Leite. (Coord). **Jurisdição constitucional e direitos fundamentais**. Belo Horizonte: Del Rey, 2003.

DWORKIN, Ronald. **O Império do Direito.** São Paulo: Martins Fontes, 1999.

ELY, Jonh Hart. *Democracy and Distritus: a Theory of judicial review*, 11ª edição, Cambridge, Harvard University, 1995.

GÁSCON, Marina. Rationality and (self) precedent: brief considerations concerning the grouding and implications of the rule of self precedent. In: BUSTAMANTE, Thomas; PULIDO, Carlos Bernal (ed). **On the Philosophy of Precedent: Proceedings of the 24th World Congress of the International Association for Philosophy of Law and Social Philosophy**. Beijing, 2009, v.III. Stuttgart/Sinzheim: Franz Steiner Verlag: Nomos, 2012.

JEVEAUX, Geovany Cardoso. **Teorias do Estado e da Constituição.** Rio de Janeiro: GZ, 2015.

JUNQUILHO, Tainá Aguiar. **A Teoria dos Precedentes Judiciais e a responsabilidade da suprema corte no controle de constitucionalidade difuso.** Dissertação de mestrado. Disponível em: <http://www.direito.ufes.br/pt-br/pos- graduacao/PPGDIR/detalhes-da-tese?id=9922>. Acesso em: 18. fev.2018.

LARENZ, KARL. **Derecho justo**: fundamentos de ética jurídica. Madri: Civitas, 1985.

MACCORMICK, Neil. **The motivation of judgments in the common law**. In: _____; PERELMAN, Chaim (Eds). Bruxeles: Bruylant, 1978.
_____. **Rethoric and the rule of law.** A Theory of legal reasoning. New York: Oxford University Press, 2005.

_____. **Retórica e o Estado.** Tradução de Conrado Hübner Mendes. Rio de Janeiro: Elsevier, 2008.

MARINONI, Luiz Guilherme; Arenhart, Sérgio Cruz; MITIDIERO, Daniel. **Novo Código de Processo Civil Comentado**. São Paulo: Editora Revista dos Tribunais, 2015.

MAUÉS, Antônio Moreira. Jogando com os Precedentes: Regras, Analogias, Princípios. **Revista de Direito GV**. São Paulo: 2012 p. 587-624.

MAZZEI, Rodrigo. **Notas iniciais à leitura do novo código civil**. In: Arruda Alvim; Thereza Alvim. (Org.). Comentários ao Código Civil Brasileiro, parte geral. Rio de Janeiro: Forense, 2005, v. 1, p. LXVII-LXIX.

MOREIRA, José Carlos Barbosa. Súmula, Jurisprudência, Precedente: uma escalada e seus riscos. **Revista Síntese de Direito Civil e Processual,** Porto Alegre: Síntese, v, 6, n 35, p. 5-16, maio/jun. 2005.

MOREIRA, Nelson Camatta. **Fundamentos de uma Teoria da Constituição Dirigente**. Florianopólis: Conceito Editorial, 2010.

OLIVEIRA, Carlos Alberto Alvaro de. **Processo Civil Brasileiro e a codificação.** Palestra proferida em evento em homenagem a Paolo Grossi, realizado na Universidade Federal do Rio Grande do Sul, 2010.

OLIVEIRA, Maria Lucia de Paula. O neoconstitucionalismo, a Teoria da Justiça e o Julgamento. *In:* Quaresma, Regina, Oliveira, Maria Lúcia de Paula e Oliveira, Farlei Martins Riccio de (Org.). **Neoconstitucionalismo.** Rio de Janeiro: Forense, 2009.

RAMIRES, Maurício. **Crítica à aplicação de precedentes no Direito Brasileiro.** Porto Alegre: Livraria do Advogado, 2010.

SCHAUER, Frederick. **Playing by the Rules.** Oxford: Claredon Press, 1991. Disponível em: < https://pt.scribd.com/document/127029347/Frederick-Schauer-Playing-by-the-Rules-vs>. Acesso em: 18.fev.2018.

STRECK, Lênio Luiz; ABBOUD Georges. **O que é isto — o sistema (sic) de precedentes no CPC?** Disponível em: <

http://www.conjur.com.br/2016-ago-18/senso-incomum-isto-sistema-sic-precedentes-cpc>. Acesso em: 18 fev. 2018.

SUNSTEIN, Cass. *Legal Reasoning and Political Conflict.* Oxford: Oxford University Press, 1996.

ZANETI JÚNIOR, Hermes. **O valor vinculante dos precedentes:** Teoria dos Precedentes normativos formalmente vinculantes. 2. ed. Salvador: Juspodivm, 2016.

TUCCI, José Rogério Cruz e. **Contra o processo autoritário.** Revista de Processo. São Paulo, RT, V.242, abr. 2015.
WAMBIER, Teresa Arruda Alvim. Estabilidade e adaptabilidade como objetivos do direito: *civil law* e *commo law.* **Revista de Processo**, São Paulo, ano 34, vol. 172, jun. 2009, p. 121-174.

7

CONTRIBUIÇÕES DO UTILITARISMO DE R. M. HARE PARA A SOLUÇÃO DE CONFLITOS ENTRE PRINCÍPIOS JURÍDICOS

Vernon Araújo Corrêa Simões

RESUMO: Uma decisão cuja argumentação é em prol do resultado mais útil tem, em sua estrutura, altíssima força retórica. Contestar que o melhor resultado é o de maior proveito é uma tarefa árdua e, por isso, o utilitarismo como doutrina ética tem seu apelo – apesar de suas objeções históricas. A sua incursão no Direito, contudo, pode ser realizada para solucionar conflitos entre princípios jurídicos, se devidamente adequada. Assim, através da teoria utilitarista de R. M. Hare, com foco especial nos seus conceitos de regra de ouro e de pensamento de dois níveis, o presente estudo busca possibilitar a incursão de uma teoria utilitarista para resolver conflitos entre princípios jurídicos, com base na construção de uma argumentação que vise propiciar o resultado mais útil.

1. INTRODUÇÃO

O utilitarismo como doutrina ética tem em sua tradição variados conceitos de utilidade: desde sua concepção hedonista como unidades de prazer, até a satisfação de preferências informadas. Em sua história, os conceitos de utilidade foram um dos grandes alvos de críticas. Ao considerar o prazer como utilidade, criou-se a necessidade de se diferenciar qualitativamente os tipos de prazer, o que acarreta um julgamento moral externo à própria doutrina utilitarista. Enquanto ao considerar as preferências informadas como medida de utilidade, apesar da sua objetividade (extraída a partir do falar e do comportamento), criou-se a dificuldade de aferição.

Uma decisão cuja argumentação é em prol do resultado mais útil tem, em sua estrutura, altíssima força retórica. Por isso, contestar que o melhor resultado é o de maior proveito é uma tarefa árdua. Auferir o maior proveito (ou utilidade), contudo, é o desafio daqueles que se debruçaram nesta estrutura argumentativa para construir métodos racionais de tomada de decisões morais.

A resposta utilitarista para a aferição da utilidade foi, em determinado momento, o intuicionismo moral. A partir dos princípios que norteiam a moralidade comum, seria possível identificar em casos concretos a decisão de maior utilidade. Essa resposta, no entanto, é de fácil objeção. Ao se analisar os princípios aceitos pelo senso comum, facilmente se verifica a existência daqueles que, quando aplicados, dificilmente seriam sustentados como produtores do resultado mais útil (por exemplo, posicionamentos racistas ou xenófobos).

Para evitar a total dependência do intuicionismo moral, R. M. Hare desenvolveu em sua teoria algo que chamou de *two-level thinking* (pensamento de dois níveis). Ao se tomar uma decisão que busque maximizar o resultado mais útil, deve-se levar em consideração dois níveis de pensamento: o nível intuitivo e o nível crítico. Assim, o primeiro nível permite a tomada de decisões privadas de tempo e de informações, enquanto o segundo nível permite selecionar quais princípios intuitivos da moral comum devem ser utilizados e até mesmo resolver conflitos entre eles.

Apesar da teoria de R. M. Hare ser uma tentativa de construir um método racional de tomada de decisões morais éticas, a partir da maximização da utilidade, e aplicado a todos os aspectos da vida, o diálogo com o Direito é especialmente relevante. Isso porque o Direito possui uma gama de princípios próprios, construídos pela prática forense (seja pela jurisprudência, doutrina ou pela legislação).

Ainda que, em algum momento, a construção ou recepção do princípio pelo Direito tenha sofrido influência de princípios intuitivos morais, a sua metamorfose jurídica cria a necessidade de se pensá-los de maneira especificamente situada. Não é só em razão de princípios morais intuitivos que algum princípio jurídico assume as suas nuanças processuais. A morfologia do princípio jurídico está sujeita a um conjunto de intuições específicas de um campo qualificado.

Não significa, no entanto, que a intuição moral é ostracizada do processo de tomada de decisão, permitindo que, no Direito, seja fruto apenas de sua construção como ciência. A abertura semântica e a relevância que é atribuída aos princípios jurídicos no constitucionalismo moderno implicam em uma argumentação apoiada em teorias da justiça para resolver conflitos entre eles.

Por isso, o presente estudo representa uma tentativa de possibilitar a incursão de uma teoria utilitarista para resolver conflitos entre princípios jurídicos, com base na construção de uma argumentação que vise propiciar o resultado mais útil. Para isso, além da apresentação dos conceitos da teoria de R.M. Hare, a metodologia adotada será a utilização de um exemplo prático de conflito entre princípios judiciais e como pode ser solucionado pela ótica utilitarista exposta.

2. A REGRA DE OURO

Em *Freedom and Reason* (1963), Hare argumentou que a constituição de um princípio moral deve ser prescindida pela sua capacidade de ser prescrito para qualquer um que se imagine no lugar do outro. Um princípio moral deve ser dotado de duas características: prescritividade e universalidade.

Para explicar sua regra de ouro, Hare dá o seguinte exemplo: a pessoa A deve dinheiro à pessoa B, que deve dinheiro à pessoa C. A lei que rege a relação dessas pessoas permite que o credor execute o que lhe é devido através do aprisionamento dos devedores. A pessoa B tem o direito de aprisionar a pessoa A, e, se o fizer se comprometerá ao princípio moral de que quem deve dinheiro tem que ser preso para pagar a dívida. Sabendo que ao se comprometer com esse princípio, justificará moralmente que a pessoa C também o aprisione. Logo, é improvável que a pessoa B subscreva esse princípio.

Nota-se que, diferentemente do utilitarismo hedonista, a teoria de Hare não busca aferir um princípio moral que prescreva uma conduta a partir da quantidade de prazer que ele oferece. Se a preferência da pessoa B é obter o pagamento do que lhe é devido, subscrever um princípio que o colocaria em uma situação tal qual submeteu a pessoa A frustraria seu propósito, já que também ficaria preso. Desta forma, a satisfação da preferência de B é a medida a qual justifica o princípio moral no qual se compromete.

Se a pessoa B opta por aprisionar a pessoa A, mas rejeita a ideia de ser aprisionado pela pessoa C, então não o faz por princípio, mas por oportunismo. Ainda que essa possibilidade lhe seja mais vantajosa (e útil), quando universalizada deixa de ser. Alguns outros fatores podem ser considerados para a tomada da decisão da pessoa B. Por exemplo, ainda que ela aceite racionalmente o princípio de que "uma pessoa não deva ser aprisionada por dívida", a escolha de aprisionar a pessoa A pode aparecer para satisfazer suas outras preferências (como sadismo ou desejo de vingança). Apesar disso, essa escolha implicaria em uma auto aflição em troca da satisfação de uma preferência que o outro provavelmente não compartilha.

Como apontou Robins (1974) em defesa da teoria de Hare, essas preferências são desejos que não representam necessariamente os princípios assumidos pelas pessoas. Os desejos são ligados à personalidade, ao ser da pessoa, de uma maneira que os princípios não são. Ao se imaginar no lugar do outro, contudo, seus desejos não suplantam os desejos daquele. E, ao tentar maximizar os desejos daquele, adere-se a um princípio moral.

Novamente se retornar ao exemplo mencionado. Se a pessoa B, sendo sádico, se colocar no lugar de A sem ter conhecimento dos desejes dele, deverá avaliar sua preferência de não ser aprisionado como a única preferência de A. Diferentemente seria se no caso de B, conhecendo bem à pessoa A, saber que ele prefere ser aprisionado para se proteger porque está jurado de morte enquanto estiver em liberdade.

Nesse último exemplo, por mais que a aceitação da pessoa B possa endossar o aprisionamento de devedores e, consequentemente o seu indesejado aprisionamento, o princípio que subscreve, ainda que universal, mostra-se mais específico: "quem quer proteger a vida através do aprisionamento pode ser aprisionado por dívidas". Essa diferenciação entre universalidade e generalidade dos princípios talvez tenha sido a maior contribuição de Hare para uma filosofia da justiça.

Um problema tratado por Hare em Moral Thinking (1981) foi em relação ao peso que deve ser dado as preferências do outro quando da aplicação da regra de ouro. Se, por exemplo, o desejo da pessoa A é se ver livre da dívida, então a pessoa B, se colocando no lugar daquela pessoa, pode prescrever que as dívidas não precisem ser pagas – já que prescrever o contrário contraria os desejos que agora imagina como seus.

A resposta ao problema foi à necessidade de um limite para a assimilação das preferências. Levando-se em consideração que a regra de ouro serve para prescrever um princípio moral, logo, universal, também deve ser levadas em consideração as preferências daquele que se dispõe a se imaginar no lugar do outro. Enquanto a pessoa A quer se livrar das dívidas, a pessoa B enquanto si, quer ter as dívidas pagas.

Como o objetivo do pensamento através da regra de ouro é prescrever um princípio universal, também deve se levar em consideração a figura da pessoa C. Se a pessoa B escolher como princípio moral o perdão das dívidas quando se colocar no lugar de A, quando se colocar no lugar de C, deverá enfrentar sua preferência por receber o que lhe é devido. Logo, se B ao perdoar A subscreve o princípio de que "aqueles que querem se ver livres de dívidas não devem ser cobrados", ao pagar sua dívida a C, o fará por preferência própria e não por princípio.

A complexidade na utilização da regra de ouro aumenta com a complexidade do caso. Como decidir a maximização da utilidade através dessa regra em um caso onde o que está em jogo são princípios morais como a proteção da vida ou como a liberdade religiosa? Para isso, Hare tem uma resposta aparentemente simples: utilize-se de princípios morais aceitos para tomar decisões rápidas e com pouca informação – mas se possível, questione-se sobre a sua capacidade de maximização de utilidade.

3. O PENSAMENTO DE DOIS NÍVEIS

Outro aspecto da teoria utilitarista de Hare, foi a utilização do conceito de dois níveis de pensamento. Esse conceito foi trabalhado primeiramente em *Ethical Theory and Utilitarianism* (1976) e, depois, em *Moral Thinking* (1981), aprofundando a utilização da regra de ouro. O conceito de dois níveis de pensamento é, basicamente, a diferenciação entre o nível de pensamento intuitivo, com a utilização e formulação de princípios morais simples, e o nível de pensamento crítico, onde os princípios simples seriam melhor selecionados e seus possíveis conflitos solucionados.

Hare denominou aqueles que realizam o pensamento intuitivo de prole, e os que realizavam o pensamento crítico de arcanjos. Desta maneira, enquanto questões da vida, cuja necessidade de tomada de decisões rápidas e com pouca informação, poderiam ser norteadas por princípios morais comumente aceitos como frutos da regra de ouro pela prole, a justificação moral desses princípios era o papel dos arcanjos, através do pensamento crítico. Essa denominação, contudo, não significa a divisão social em castas, mas sim a definição de papeis que cada um aprende a alternar durante o processo de tomada de decisões.

Para solucionar questões complexas, o papel do arcanjo é de especial relevância. Ao se observar os princípios morais praticados pela prole, o utilitarista deve analisar a sua *observance utility* (OU), bem como sua *acceptance utility* (AU). Simplificados, o OU consistiria na observação da utilidade que resultaria no cumprimento do princípio, e o AU consistiria na utilidade resultante do pretender cumprir o princípio.

Enquanto a definição de OU é de fácil compreensão, já que se demonstra como a aferição da utilidade do resultado de uma ação, a definição de AU é um pouco mais complexa. Para tratá-la, recorre-se a mais um exemplo. Pega-se um caso onde três trabalhadores de terra, com necessidades diferentes, que trabalharam horários diferentes e que receberam diferentes salários de um patrão muito rico que tentou ser utilitário com uma análise de prole.

O trabalhador A, que não passa fome e que tem onde morar, trabalhou oito horas em um dia. O trabalhador B, que passa fome, mas tem onde morar, trabalhou cinco horas no mesmo dia. O trabalhador C, que passa fome e não tem onde morar trabalhou uma hora também no mesmo dia. Sabendo apenas dessas informações, o patrão movido por princípios morais intuitivos como "ninguém deve passar fome" e "todos devem ter onde morar", remunerou à A com um salário médio para oito horas de trabalho, remunerou à B com um salário médio para cinco horas de trabalho, acrescidos de dinheiro para que não passasse mais fome, e remunerou à C com um salário médio para uma hora de trabalho mais dinheiro para comprar uma casa e para que não passasse mais fome.

O trabalhador A, indignado, questiona a justiça na distribuição com base no princípio moral de que "todos devem receber tratamento igualitário". Em resposta, patrão utilitarista pergunta para A, através da regra de ouro, se ele não gostaria de ganhar uma casa ou de ter sua fome cessada caso estivesse no lugar dos outros. Uma única resposta é possível para A, mas que ainda se sente completamente injustiçado.

O porquê de A se sentir injustiçado, ainda que tenha assentido com os princípios morais utilizados para justificar a deliberação do patrão, está na AU desses princípios. Por mais que no caso a satisfação do OU tenha sido maior, a sua aceitação não é universalizada. Se assim o fosse, o trabalhador A também assumiria para si a prescrição de que se estivesse no lugar do patrão, faria a mesma coisa.

Outra forma de visualizar essa diferenciação necessária para o nível de pensamento crítico realizado por quem assume o papel de arcanjo, é o famoso dilema da ameaça de um ataque terrorista. Descobre-se uma ameaça de um grupo terrorista, que consiste na explosão de uma bomba em local muito populoso, e, na descoberta, consegue-se capturar um suposto membro do grupo. O local da bomba é incerto e sua existência é provável, mas o único meio agora possível conseguir extrair essa informação do suposto terrorista.

Intuitivamente, conclui-se que o bem estar físico de uma pessoa não pode ser sobreposto à vida de milhares de outras. Aqui, o cálculo utilitário realizado pela prole é suficiente para a tomada de uma decisão rápida e com poucas informações. Ao se analisar a problemática a partir do papel do arcanjo, a baixa aceitação da tortura de um mero suspeito que, ainda que seja de fato um terrorista, não saiba das informações diminui o resultado utilitário de um princípio que justificaria essa ação.

Um problema levantado para essa metodologia de pensamento de dois níveis, foi levantado por Williams (1988) e por J.L. Mackie (1985, p. 110). Em um cenário como no descrito acima, o agente do governo encarregado pela tortura, já tendo refletido sobre situação semelhante, internalizou tanto o pensamento de prole quanto o de arcanjo, como ele decide uma situação aparentemente semelhante, mas sem de fato conhecer todas as suas especificidades? Recorre ao princípio intuitivo sem conseguir endossá-lo pelo pensamento crítico anterior?

Na resposta ao problema apresentado, Hare defendeu a capacidade de um novo pensamento intuitivo a partir das reflexões já realizadas, através da analogia (1981, p.52; 1988, p. 289–90):

Dizer que é impossível manter um pensamento intuitivo no mesmo processo de pensamento é como dizer que, em uma batalha, um comandante não consegue pensar ao mesmo tempo nos detalhes das táticas, o objetivo geral de vitória e nos princípios (economia de força, concentração de força, ação ofensiva, etc.) que aprendeu enquanto aprendia seu ofício. (tradução nossa)

Dessa maneira, ainda que a situação difícil se apresente para o agente do governo do exemplo acima, não deixa de ser possível o convencimento de que, apesar de seguir um reformulado princípio intuitivo, a ação decorrente não deixa de poder ser considerada uma ação moralmente ruim após um novo pensamento em nível crítico. Afinal, um dos objetivos em assumir o papel de arcanjo decorre exatamente da necessidade pensar criticamente e em retrospecto os princípios intuitivos assumidos na tomada de determinadas decisões.

4. CONTRIBUIÇÕES PARA A SOLUÇÃO DE CONFLITOS ENTRE PRINCÍPIOS JURÍDICOS

Não é o objetivo do presente trabalho criar definições sobre o que são os princípios jurídicos, pelo contrário, de maneira pragmática, aqui são assumidos como máximas aceitas dentro do campo do Direito, sejam produzidas pela prática jurisprudencial, doutrinária ou legislativa. Isso porque, apesar da definição da natureza dos princípios influenciar na percepção dos seus conflitos, busca-se contribuir para a construção de uma argumentação jurídica cuja estrutura seja voltada para a maximização da utilidade. Desta forma, até certo ponto, uma generalidade no tratamento quanto a natureza dos princípios pode ser permitida.

É necessário também deixar claro que, quando transportamos a teoria utilitarista de Hare para o campo do Direito, o papel do jurista deve ser em grande parte o papel do arcanjo. Se por um lado a construção jurisprudencial impõe a reflexão crítica em retrospectiva dos princípios gerais e específicos adotados em cada uma das situações, por outro lado o dever de fundamentar as decisões judiciais impõe uma racionalidade para além da intuição prática do papel de prole. Ao jurista não é abertamente permitido solucionar conflitos maximizando a utilidade com base na intuição moral – salvo em casos em que a urgência é imposta (como em tutelas antecipadas).

Deve-se decidir, então, com base na maior utilidade o caso, maximizando tanto a AU quanto o OU. Como o aferimento desses conceitos de utilidade é faticamente inverificável com detalhada precisão, recorre-se à quantificação numa escala que vária entre "0", na qual a decisão não atende a preferência ou aceitação de uma das partes; "1", na qual a decisão atende parcialmente a preferência ou aceitação de ambas das partes; e "2", na qual a preferência e aceitação de todas as partes são atendidas.

Aqui, por tratarmos de um conflito entre máximas, em que a priorização de uma necessariamente afeta a outra, parte-se do pressuposto de que o alcance do nível "2", de máxima satisfação possível, é inalcançável *a priori*. Logo, o papel da decisão na busca pela maximização da utilidade é encontrá-la dentro do nível "1" da escala criada – um nível de maximização da satisfação média.

Nas análises de casos, por se tratar de conflitos entre princípios jurídicos, os princípios intuitivos morais devem ser substituídos nos dois níveis de pensamento. Se o caso é novo, e não há formação jurisprudencial, doutrinária ou legislativa sobre os sentidos (as especificidades e generalidades dos princípios), o primeiro nível de pensamento é identificar quais os princípios em conflito (aqui já informados).

Encontrados, é necessário, através da regra de ouro, buscar a maximizar satisfação média de maneira a se colocar, como julgador, no lugar de cada um dos envolvidos   nos conflitos, ainda que como um ser em abstrato. Se a disputa decorre de entidades representativas, por exemplo, a regra de ouro desnudará como preferência apenas o interesse representado – o que seria diferente no caso de uma pessoa em concreto.

Realizados esses apontamentos, o desafio imposto é transportar para o Direito a aplicação da regra de ouro para maximização da AU e do OU na solução de conflitos entre princípios. Para isso, busca-se argumentar brevemente em cima de um exemplo prático de conflito entre princípios judiciais: o conflito entre a proteção da vida animal e a proteção do exercício da liberdade religiosa.

Para ilustrar esse conflito, imagine-se um caso onde a associação de defesa aos direitos dos animais A aciona judicialmente a matriz religiosa B que prática rituais envolvendo sacrifícios de animais. Esse caso alcança ao órgão jurisdicional supremo de determinado país, que identifica na demanda um conflito entre princípios igualmente tutelados pelo Direito. O julgador deve então, através da regra de ouro, se situar como aqueles cuja preferência é a proteção dos animais (já que a teoria de Hare não considera a satisfação dos próprios animais), bem como se imaginar como aqueles cuja preferência é o exercício do sacrifício como ritual religioso.

A partir desse exercício de alteridade, o julgador perceberá que a satisfação máxima de qualquer uma das preferências é um jogo de soma zero no OU e na AU, caindo no nível "0" da escala apontada. Por isso, deverá retornar à regra de ouro para exercer concessões como cada uma das partes, de maneira a especificar os princípios judiciais para o caso concreto.

Como foi explicado na parte devida, isso não significa dizer que a especificação do princípio descaracteriza a sua universalidade. Pelo contrário, ao diminuir sua generalidade, torna a prescrição de uma conduta universal de maior cognoscibilidade. Ainda que, em diferentes sistemas, a resolução do caso não implique na criação de uma prescrição juridicamente universal, a sua existência como reflexão em cima de um princípio jurídico está apta a embasar novas soluções.

Ao realizar as concessões e especificar os princípios, pode-se variar os níveis de satisfação parcial de modo a maximizar os níveis de utilidade na adoção desses princípios. No caso, não é possível atender totalmente a preferência da associação A sem tornar impossível atender sequer parcialmente a preferência da matriz religiosa B. Contudo, ao especificar os princípios, é possível atender totalmente a preferência da matriz religiosa B e parcialmente a preferência da associação A.

Basta ao julgador compreender que, como a matriz religiosa B, é possível prescrever um princípio universal e específico de "exercício de liberdade religiosa cujas práticas devam mitigar o sofrimento dos animais", ao mesmo tempo em que especifica que o princípio de proteção aos animais para "a proibição de tratamento cruéis para animais". Assim, ao alcançar o máximo OU da matriz religiosa B, o julgador consegue não zerar o OU da associação A. Ao especificar o princípio de proteção ao exercício de liberdade religiosa, o julgador criou uma justificação que pode ser aceitável para a associação A.

A justificação é aceitável para a associação A porque ela dificilmente conseguirá justificar a manutenção de um princípio geral que proteja irrestritamente a vida de animais sem afetar inúmeros outros princípios específicos (como o princípio de "que a dignidade humana engloba a sociabilidade cultural em torno de refeições que envolve carne", por exemplo). Desta maneira, a decisão também não zera a AU no caso, culminando na totalidade de utilidade em nível 2 para a matriz religiosa B, e em nível 1 para a associação A.

5. CONSIDERAÇÕES FINAIS

Essa incursão da teoria utilitarista na solução de conflitos entre princípios judiciais não é isenta de problemas. Ao se decidir um caso complexo, dificilmente a solução abarcará apenas a satisfação de duas preferências, como o foi no exemplo narrado. Pelo contrário, a multitude de preferências que surgem junto da necessidade de se prescrever uma nova máxima universal, decorrem de como essa máxima afetará aqueles que, em decorrência da coercibilidade do Direito, deverão subscrevê-la.

No entanto, apesar dos claros problemas nas tentativas de maximização da utilidade média através da teoria utilitarista de R.M. Hare, é possível perceber que a sua importância na construção de estruturas argumentativas para fortalecimento retórica da decisão. Os principais problemas não são problemas que desaparecem na utilização de outras metodologias de decisão utilizando princípios – resolvê-los por completo exigiria capacidades realmente angelicais dos julgadores.

Mas a prática jurisprudencial, doutrinária e legislativa, pode estar sempre sujeita ao nível de pensamento crítico, sempre se aperfeiçoando na busca dos princípios jurídicos específicos aceitos como melhores maximizadores da utilidade média. Desta forma, ainda que a utilização em determinado momento possa não expressar necessariamente a maior utilidade média, a retórica na construção da decisão terá força para convencer aqueles sujeitos a ela.

REFERÊNCIAS

HARE, R. M. Ethical Theory and Utilitarianism. In: LEWIS, H.D. (ed.). **Contemporary British Philosophy 4th Series**, London: Allen & Unwin, 1976.

_____. **Freedom and Reason**, Oxford: Clarendon Press, 1963.

_____. Comments. **Seanor & Fotion**, p. 199 – 293, 1988.

_____. **Moral Thinking**: Its Levels, Method and Point, Oxford: Clarendon Press, 1981.

MACKIE, J.L. Persons and Values. **Selected Papers Volume II**, Oxford: Oxford University Press, 1985.

ROBINS, M. H. Hare's Golden-Rule Argument: a Reply to Silverstein. **Mind, New Series**, v. 83 n. 332, p. 578-581, 1974.

WILLIAMS, B. The Structure of Hare's Theory. **Seanor & Fotion**, p. 185 – 96, 1988.

8

DESIGUALDADES SOCIAIS E POBREZA: UMA ANÁLISE DAS POLÍTICAS PÚBLICAS NA COMPREENSÃO DE AMARTYA SEN

Natieli Giorisatto De Angelo
Samuel Meira Brasil Jr.

RESUMO: Num contexto de graves desigualdades sociais e de pobreza extrema, o presente artigo busca analisar as políticas públicas, enquanto ferramentas de combate a essas iniquidades, a partir das contribuições de Amartya Sen, para quem as políticas públicas devem visar contribuir para o desenvolvimento social. Para tanto, em primeiro lugar, é retratado o cenário brasileiro, identificando os dilemas sociais enfrentados. No segundo capítulo, busca-se compreender a concepção de pobreza proposta por Amartya Sen, não atrelada meramente à ideia de carência de rendimentos. Por fim, analisam-se as políticas públicas, de modo geral, a partir da perspectiva de Amartya Sen, considerando, sobretudo, a abordagem da capacidade e a importância da condição de agente.

145

1. INTRODUÇÃO

A desigualdade social e a pobreza são questões que marcam o cenário brasileiro, que, há pouco mais de um século, era constituído por uma sociedade escravocrata, seguida de uma sociedade coronelista, caracterizada por mecanismos de patronagem e clientelismo, que, longe de romper com a lógica da não-cidadania do homem pobre, reforçou as desigualdades sociais.

Essa herança colonial é raiz da desigualdade social na cultura política brasileira, naturalizando a noção de exclusão social e de não proteção das necessidades humanas básicas de parte da população. Como resultado dessa herança e do modelo de desenvolvimento adotado, cujas prioridades são ditadas pelo mercado e norteadas pela ideia de acúmulo de bens, é possível observar elevados níveis de pobreza e de desigualdade na distribuição de renda.

A análise crítica dessa estrutura brasileira de pobreza e de desigualdade, bem como das ferramentas de combate a esses dilemas sociais é relevante, na medida em que são questões que afligem grande parte da sociedade, muitas vezes em situação de extrema vulnerabilidade e carência, sendo a exclusão social uma ameaça à estabilidade política e sócio-econômica.

A construção de uma estrutura social mais justa e equitativa, capaz de assegurar aos cidadãos condições de dignidade, é objetivo fundamental do Estado. No Brasil, recentemente, houve a ampliação de políticas públicas para enfrentamento dessa realidade retratada.

Nesse contexto, considerando a ampliação, nas últimas décadas, de políticas públicas para combate a essa realidade brasileira, a questão que se propõe é analisar essas ferramentas de enfrentamento da pobreza e da desigualdade, a partir do enfoque informacional sobre a privação de capacidades de Amartya Sen, para quem as políticas públicas devem buscar contribuir para o desenvolvimento social e para promoção da condição de agente.

2. DESIGUALDADES SOCIAIS E EXCLUSÃO

A organização social brasileira não pode ser retratada sem o reconhecimento dos processos de exclusão social que a marcam, por meio dos quais parte significativa da população é privada daquilo que os incluídos usufruem. A ideia de exclusão social está, pois, intimamente ligada à de desigualdade.

Do mesmo modo, referido conceito está atrelado ao de cidadania, enquanto direito de participação social e de acesso a benefícios tidos como essenciais, na medida em que corresponde justamente a não efetivação da cidadania, já que, apesar de o ordenamento jurídico prever a garantia de direitos civis, sociais e políticos, grande parte da sociedade não usufrui dos bens e serviços de cidadania, não gozando, efetivamente, de tais direitos (REIS; SCHWARTZMAN, 2005, p. 151).

Para Boaventura Sousa Santos (1999, p. 1-2), no século XIX, com a consumação da convergência do paradigma da modernidade e do capitalismo, os processos de desigualdade e exclusão – gerados pelo próprio capitalismo – assumem um sentido novo, passando a ser justificados como incidentes que devem ser geridos por princípios de regulação, em contraposição aos princípios de emancipação, que reconhecem a igualdade, a liberdade e a cidadania.

O sistema capitalista, enquanto forma de organização socioeconômica, perpetua, então, a concentração de riqueza e renda, produzindo desigualdades. Além disso, observam-se elevadas taxas de desemprego, bem como a precarização das relações de trabalho.

Ao analisarem esse cenário de desigualdade e exclusão, Ricardo Paes de Barros, Ricardo Henriques e Rosane Mendonça (2000, p. 123), pontuam que "os elevados níveis de pobreza que afligem a sociedade encontram seu principal determinante na estrutura da desigualdade brasileira — uma perversa desigualdade na distribuição da renda e das oportunidades de inclusão econômica e social".

Para desenvolver a referida pesquisa, os autores mensuraram a pobreza, exclusivamente na dimensão da insuficiência de renda, buscaram identificar as principais determinantes da pobreza, bem como a que se pode atribuir as pequenas reduções do nível de pobreza no período analisado, concluindo pela necessidade de que as políticas públicas priorizem a redução da desigualdade (BARROS; HENRIQUES; MENDONÇA, 2000, 123-124).

Na análise, realizada no ano de 2000, ao comparar a renda *per capita* brasileira com dos outros países, observou-se que o Brasil estava entre o terço mais rico dos países, não podendo, pois, ser considerado pobre. Em contrapartida, o nível de pobreza, no Brasil, mostrou-se superior ao dos países com renda *per capita* semelhante, apontando para uma má distribuição da renda (BARROS; HENRIQUES; MENDONÇA, 2000, 126-127).

Os dados obtidos durante a pesquisa revelaram que os 10% (dez por cento) mais ricos da população apropriam-se de aproximadamente 50% (cinquenta por cento) do total da renda das famílias, enquanto que aos 50% (cinquenta por cento) mais pobres pertencem cerca de 10% (dez por cento) da renda (BARROS; HENRIQUES; MENDONÇA, 2000, 137).

Embora tais números refiram-se à sociedade brasileira de duas décadas atrás, o Brasil segue como um dos países com mais desigualdade de renda no mundo, com mais de 16 milhões pessoas vivendo abaixo da linha da pobreza. Em pesquisa realizada no início de 2017, constatou-se que a riqueza das seis pessoas mais ricas do Brasil equivale à da metade mais pobre da população

(GEORGES; MAIA, 2017, p. 21).

> Entre os países para os quais existem dados disponíveis, o Brasil é o que mais concentra renda no 1% mais rico, sustentando o 3º pior índice de Gini na América Latina e Caribe (atrás somente da Colômbia e de Honduras45). Segundo o último Relatório de Desenvolvimento Humano do Programa das Nações Unidas para o Desenvolvimento (Pnud) o Brasil é o 10º país mais desigual do mundo, num ranking de mais de 140 países. Por aqui, a desigualdade é extrema (GEORGES; MAIA, 2017, p. 21).

A partir de tais dados, é possível observar que o Brasil, apesar de não ser um país pobre, até mesmo por conta do seu produto interno bruto *per capita,* é um país ainda com muitos pobres e cuja pobreza não está associada preponderantemente à escassez de recursos, mas sim à má distribuição dos recursos existentes.

Nesse cenário, a minimização dessas iniqüidades se dá por meio de políticas públicas, cujo desenvolvimento para promoção dos direitos básicos, no Brasil, deu-se tardiamente.

> As primeiras políticas públicas surgiram a partir de 1930 e todas focalizadas para beneficiar o grupo social que possuía vínculo formal de trabalho. Em que pese a importância dessas políticas elas não beneficiavam aqueles extratos da população brasileira que, até o final de década de 1970, era predominantemente rural (ZAMBAM; KUJAWA, 2017, p. 77).

A partir da promulgação da Constituição Federal de 1988, passou-se a garantir um rol de direitos sociais a ser efetivado pelo Estado. Contudo, apesar da previsão legal, muitas pessoas, sobretudo de grupos sociais mais vulneráveis, ainda não usufruem de tais direitos, sendo necessária, para sua efetivação, a implantação de políticas públicas capazes de assegurar melhores condições de vida.

Somente na segunda metade da década de 90 é que foram desenvolvidas políticas públicas para garantia de direitos sociais e de redistribuição de renda direcionada a esses setores sociais mais vulneráveis (ZAMBAM; KUJAWA, 2017, p. 78).

De todo modo, ainda hoje, esses dilemas sociais encontram-se presentes no cenário brasileiro. Nesse contexto, analisar as ferramentas de combate a essas iniquidades, isto é, as políticas públicas de enfrentamento da pobreza e da desigualdade, demanda, antes, uma reflexão sobre o que se entende por pobreza.

2 O QUE É POBREZA?

A ideia de pobreza como mera escassez de renda, usualmente utilizada, foi questionada por Amartya Sen. Para o referido autor, apesar de a renda influenciar, de forma significativa, aquilo que uma pessoa pode ou não fazer, por ser a principal causa de privações usualmente associadas à pobreza, a análise meramente a partir da renda não é capaz de levar em consideração a diversidade humana.

Assim, o estudo da pobreza pode partir dos dados relativos à distribuição de rendas, sobretudo quando se está diante de baixas rendas, porém, não deve se limitar a esta análise, tendo em vista que, ante a diversidade dos seres humanos e das várias circunstâncias contingentes existentes, a renda real não é suficiente para medir o bem-estar de uma pessoa (SEN, 1999, p. 101).

De acordo com Amartya Sen (1999, p. 98-99), existem pelo menos cinco causas facilmente identificáveis que podem fazer variar a relação entre a renda real e a vantagem dela obtida (bem-estar) em razão das diferentes necessidades que essas circunstâncias ensejam. São elas: *heterogeneidades pessoais* (características físicas com relação à incapacidade, idade, sexo ou doença); *diversidades ambientais* (por exemplo, condições ambientais que geram necessidade de aquecimento e vestuário próprio, poluição, presença de doenças infecciosas); variações no clima social (condições sociais, como serviços públicos de educação, os índices de criminalidade e violência, problemas de epidemiologia e poluição); *diferenças de perspectivas relativas* (as necessidades de mercado dentro de uma determinada comunidade); *distribuição na família* (a forma como a renda é compartilhada e usufruída, no contexto familiar, por cada um de seus membros).

Portanto, dada à diversidade interpessoal, essas fontes de variação entre a renda e as vantagens que dela podem advir demandam uma nova abordagem, capaz de considerar as diferentes características físicas individuais e condições vida. Em outras palavras, a análise consiste em considerar não meramente os bens primários detidos pelas pessoas, mas as características físicas e individuais que influenciam a conversão desses bens na oportunidade real de promover seus objetivos.

> Ele consegue sair do foco tradicional da renda, dos bens (ter) para o que as pessoas são capazes de fazer com esses bens (ser e fazer) [...]. As capacidades de escolha conformam liberdades substantivas que se traduzem como oportunidades reais dos indivíduos promoverem seus objetivos (*achievement* ou realizações) (MAURIEL, 2010, p. 175).

Nesse sentido, Amartya Sen (1999, p. 102 e 104) propõe a mudança do enfoque para a liberdade das pessoas para levarem um modo de vida que têm razão para valorizar, ou seja, para as liberdades proporcionadas pelos bens, e não para os bens em si. Há o deslocamento da atenção dos meios para os fins.

Dessa forma, em contraposição às abordagens mais tradicionais – relacionadas aos bens primários, aos recursos ou, ainda, à renda real, que seriam apenas instrumentos para realizar bem-estar ou meios para a liberdade –, Sen (2001, p. 80-81) desenvolve a abordagem da capacidade, de grande abrangência e sensibilidade.

Nessa perspectiva, a pobreza deve ser entendida como privação de capacidades básicas, e não como meramente carência de rendimentos. É evidente que a insuficiência de renda predispõe uma série de privações, até porque o rendimento é instrumentalmente importante, porém, além de haver outros fatores que influenciam a carência de potencialidades, a diversidade humana torna variável essa relação entre renda e potencialidade.

Diferencia-se, pois, das análises tradicionais, que dão primazia para o rendimento e a riqueza ou para a satisfação mental. Contudo, a abordagem das capacidades e a ideia de desenvolvimento como liberdade reconhecem a relação que se estabelece entre a baixa renda e a privação das potencialidades de cada um, no sentido de que o pequeno rendimento pode afetar a educação e a saúde, provocar fome e subnutrição, bem como de que a promoção da saúde e da educação auxilia a obtenção de maior renda (SEN, 1999, p. 34).

Desse modo, quando há privação de potencialidades fundamentais, é possível que se verifique situações de carência, como mortalidade prematura, subnutrição e doenças crônicas, sendo que a pobreza "é uma ameaça permanente e que mais priva os cidadãos de atuarem na sociedade na condição de agentes ativos, situando-os, em contextos de grave vulnerabilidade social e política" (ZAMBAM; KUJAWA, 2017, p. 79)

Ademais, a capacidade constitui a liberdade da pessoa para realizar funcionamentos valiosos, isto é, identifica as oportunidades reais para ter bem-estar, de modo que deve ser valorizada não só enquanto instrumento, mas enquanto fim, na medida em que é intrinsecamente importante para a estrutura social (SEN, 2001, p. 80-81).

A liberdade substantiva tem relevância intrínseca, e não somente instrumental para o bem-estar, uma vez que o conjunto capacitário – combinações alternativas de funcionamentos (elementos constituintes do bem-estar) à disposição da pessoa para escolha – não necessariamente corresponde à combinação efetivamente escolhida (SEN, 2001, p. 90-91).

Não se está, pois, a considerar apenas os funcionamentos realizados (bem-estar realizado), mas sim a capacidade para realizar funcionamentos e a liberdade para realizar bem-estar, isto é, para escolher, no espaço do conjunto capacitário, uma combinação de funcionamentos.

Como exemplo, Amartya Sen (2001, p. 92) distingue "jejuar" de "passar fome", tendo em vista que, no primeiro, há uma *escolha* de passar fome, sendo que, ao examinar o bem-estar realizado, é importante saber como esse estilo de vida emergiu. No caso, significa dizer que é relevante saber se o indivíduo jejua ou apenas passa fome porque não tem outras opções.

A partir dessa abordagem, compreende-se o subdesenvolvimento, de um modo geral, como uma forma de privação de liberdade, enquanto o desenvolvimento corresponde à ampliação das liberdades substantivas que as pessoas têm razão para valorizar, como, por exemplo, as capacidades básicas de "estar livre da fome crônica, da subnutrição, da morbidez evitável e da morte prematura, bem como as liberdades associadas a saber ler, escrever e contar, ter participação política, liberdade de expressão, etc." (SEN, 1999, p. 83).

Para Sen, essas restrições definem a liberdade, e não são meramente limitações ao proveito que as pessoas podem obter de seus direitos. O desenvolvimento depende, pois, da eliminação dessas privações de liberdade que retiram das pessoas as oportunidades reais de realizar funcionamentos e de exercer sua condição de agente.

> O desenvolvimento requer que se removam as principais fontes de privação de liberdade: pobreza e tirania, carência de oportunidades econômicas e destituição social sistemática, negligência dos serviços públicos e intolerância ou interferência excessiva de Estados repressivos (SEN,1999, p. 18).

Essas fontes de privação de liberdades substantivas podem referir-se à pobreza econômica – ausência de liberdade de saciar a fome, de nutrir-se adequadamente, de obter remédios, de ter vestimentas e moradias apropriadas, de ter acesso à água tratada –, bem como à carência de serviços públicos e assistência social – ausência de programas contra epidemias, de um sistema adequado de assistência médica e educação, de garantia de paz e ordem (SEN,1999, p. 18).

Quando há a mudança do enfoque – antes direcionado para a desigualdade de renda – para a desigualdade na distribuição de liberdades substantivas e capacidades, torna-se possível verificar a magnitude do problema da desigualdade, sobretudo em razão da possibilidade de que, somada à desigualdade de renda, o mesmo indivíduo suporte, ainda, a desigualdade de vantagens na conversão de rendas em capacidades, aprofundando a desigualdade refletida na desigualdade de renda. Como exemplo, Amartya Sen (1999, p. 144) menciona que uma pessoa que apresente alguma desvantagem, como uma doença ou uma incapacidade, pode ter dificuldades não só para auferir renda, como também para converter a renda em capacidades para realizar funcionamentos, isto é, para realizar bem-estar.

Com a compreensão da abordagem da capacidade e dos conceitos propostos por Amartya Sen, sobretudo a ideia de pobreza não como carência de rendimentos, mas como privação de capacidades, torna-se possível analisar as ferramentas de enfrentamento desses dilemas sociais.

3 POLÍTICAS PÚBLICAS

A partir da abordagem da capacidade, cujo enfoque informacional passa a ser a privação das capacidades, e não apenas a pobreza de renda, e da ideia de desenvolvimento como liberdade, o enfrentamento da desigualdade extrema requer não um desenvolvimento guiado pela primazia da atuação do mercado e do aumento da produção e acumulação de bens, mas sim da atuação do homem, reconhecendo-se a sua condição de agente, pelo desenvolvimento de suas capacidades.

As pessoas, ainda que beneficiárias, devem ser compreendidas como agentes, e não como pacientes inertes (SEN, 1999, p. 163). Dessa forma, as condições que influenciam as liberdades individuais e habilitam as pessoas para desenvolverem-se e exercerem a cidadania, como saúde e educação, devem ser asseguradas.

O desenvolvimento de capacidades e a condição da agente são, então, o fundamento da atuação estatal, sendo que as políticas públicas devem ser avaliadas em termos de expansão das liberdades individuais substantivas (MENDONÇA, 2012, p. 5).

Uma política de combate à pobreza não deve, pois, ter como finalidade última simplesmente reduzir a pobreza de rendimento, mas a pobreza de potencialidades, a fim de alargar a capacidade para realizar funcionamentos.

Como explica Amartya Sen (1999, p. 116):

> Mesmo se a desigualdade de capacidades for bem medida no que diz respeito a rendas equivalentes, não decorre que transferir renda seria o melhor modo de combater a desigualdade observada. A questão das políticas de compensação ou reparação suscita outras questões (eficácia na alteração das disparidades de capacidades, a força de efeitos de incentivo etc.), e a 'leitura' fácil de disparidades de renda não deve ser interpretada como uma sugestão de que correspondentes transferências de renda remediariam as disparidades com maior eficácia.

O enfrentamento da desigualdade não equivale a igualar renda, até porque a pobreza não é tratada, como já mencionado, exclusivamente a partir da perspectiva econômica. Além disso, a renda tem relevância apenas instrumental e suas disparidades isoladas não são suficientes para averiguar a sua real importância, sendo que uma pequena diferença de rendimento pode não representar uma pequena desigualdade, a depender das conseqüências implicadas[160].

---

[160] Amartya Sen (1999, p. 116-117) esclarece como a renda pode ser uma medida enganosa com a seguinte situação hipotética: "Consideremos, por exemplo, a possibilidade de, à medida que se reduz o nível de renda e a pessoa começa a passar fome, ocorrer em algum momento

As políticas públicas devem buscar igualar as capacidades de realizar combinações de funcionamentos, de modo que desenvolvimento pressupõe, de um lado, a eliminação das privações de liberdade e, de outro, a ampliação das capacidades.

Dessa forma, embora não se trata de igualar rendimentos, Amartya Sen (1999, p. 144) defende que o Estado tem papel relevante, inclusive de custeio governamental, em contextos de graves privações e pobreza. Em contrapartida, a omissão da intervenção estatal sedimenta e intensifica as desigualdades.

Essas desigualdades presentes na sociedade são obstáculos ao equilíbrio social e à realização dos objetivos de vida, influenciando, ainda, o desenvolvimento social. Nesse contexto, "a visão não exclusivamente dependente dos recursos econômicos, não os exclui, mas integra numa dinâmica que tem como prioridade o capital humano como norteador da ação política" (ZAMBAM; KUJAWA, 2017, p. 66).

Isto é, a ampliação das políticas públicas – enquanto ferramenta de enfrentamento desses dilemas sociais – visa combater as privações de liberdade, que representam um obstáculo ao desenvolvimento das capacidades e ao exercício da condição de agente.

As políticas públicas – de responsabilidade primordial do Estado – devem, então, intervir nessas causas de restrições, orientando-se para a valorização do capital humano e da democracia, bem como buscar "corrigir as desigualdades sociais e econômicas, fomentar o exercício dos direitos fundamentais, especificamente o acesso à educação, à saúde, ao trabalho e aos mecanismos de informação, participação e decisão" (ZAMBAM; KUJAWA, 2017, p. 68).

A correção dessas desigualdades, para que assegure a condição de agentes ativos e o desenvolvimento das capacidades dos indivíduos, passa pela criação de oportunidades reais.

> No contexto dos países em desenvolvimento, a necessidade de iniciativa da política pública na criação de oportunidades sociais tem importância crucial [...]. O desenvolvimento humana é sobretudo um aliado dos pobres, e não dos ricos e abastados. O que o desenvolvimento humano faz? A criação de oportunidades sociais contribui diretamente para a expansão das capacidades humanas e da qualidade de vida [...]. A expansão dos serviços de saúde, educação, seguridade social etc. contribui diretamente para a qualidade de vida e seu florescimento. Há evidências até de que, mesmo com renda relativamente baixa, um país que garante serviços de saúde e educação a todos pode efetivamente obter resultados

---

uma drástica queda das chances de uma sobrevivência. Muito embora no espaço das rendas a 'distância' entre dois valores alternativos possa ser bem pequena (medida inteiramente em termos de renda), se a conseqüência dessa mudança for uma alteração dramática nas chances de sobrevivência, a influência dessa pequena mudança de renda pode ser enorme no espaço daquilo que realmente importa (neste caso, a capacidade de sobreviver)".

> notáveis da duração e qualidade de vida de toda a população (SEN, 1999, p. 170).

A promoção da saúde e da educação básica tem o condão não só de melhorar a qualidade de vida, como também de aumentar a capacidade individual de ter rendimento, que constitui meio relevante para as potencialidades, que, por seu turno, aumentam a capacidade produtiva do indivíduo, possibilitando a obtenção de maior renda.

Devem ser assegurados, sobretudo aos mais vulneráveis, oportunidades sociais justas e participação equitativa, a partir de uma perspectiva integrada das instituições (mercado, sistema democrático, mídia, sistema de distribuição pública). "Os abrangentes poderes do mecanismo de mercado têm de ser suplementados com a criação de oportunidades sociais básicas para a equidade e a justiça social" (SEN, 1999, p. 170).

Ademais, as políticas públicas têm o potencial de aumentar as capacidades, que, por sua vez, ao abranger também as capacidades participativas do povo, podem influenciar as próprias políticas públicas.

Assim, em uma estrutura democrática, a participação social e a utilização de instrumentos democráticos, relativos às liberdades políticas e aos direitos civis, são essenciais para a elaboração, implantação e análise de políticas, até porque, se as políticas públicas devem se voltar para a ampliação das liberdades, é consequência lógica que as liberdades participativas tenham papel central no exercício da própria elaboração dessas políticas (SEN, 199, p. 134).

É importante, portanto, que se garantam liberdade política e direitos civis às pessoas, a fim de possibilitar não só a realização dos objetivos de vida, como também a discussão e a participação nas decisões públicas.

As políticas sociais não devem, ainda, se limitar a lidar com problemas imediatos, devendo orientar-se para uma atuação que vise promover uma justiça social. Busca-se, de um lado, atender às demandas universais, assegurando as necessidades básicas da população, e, de outro, atender a demandas específicas, com foco em grupos em situação particular de exclusão.

Nesse sentido, o enfoque informacional na privação de capacidades auxilia a identificação de características relevantes para o direcionamento específico de políticas, a partir do diagnóstico direto da deficiência de capacidades, evitando distorções de incentivo.

> A elaboração e a execução de políticas públicas são, tal como a política, a arte do possível, sendo importante ter em mente ao combinarem-se insights teóricos com interpretações realistas sobre a exeqüibilidade prática. Porém, o importante a ressaltar é que, mesmo com o enfoque informacional limitado aos funcionamentos (longevidade, condições de saúde, alfabetização, etc.), obtemos uma medida mais instrutiva da privação do que podemos conseguir com base apenas em estatísticas de

renda (SEN, 1999, p. 157).

Em cada contexto, determinadas questões podem assumir relevância crítica, isto é, pode haver problemas distintos, cuja complexidade demanda uma análise muito cuidadosa das finalidades e das ferramentas das políticas públicas, auxiliada pela base informacional da abordagem da capacidade.

Amartya Sen, para exemplificar essas diferenças, cita que, na Europa, a prioridade das políticas públicas deve estar no enfrentamento da privação de capacidades decorrentes dos elevados índices de desemprego; nos Estados Unidos, por sua vez, a importância crítica refere-se à necessidade de oferecimento de algum tipo de seguro-saúde; na Índia, o desafio primordial consiste em desenvolver políticas públicas de educação básica (SEN, 1999, p. 167-168).

Desse modo, é preciso identificar, a partir de uma participação democrática e do enfoque informacional, a pobreza, enquanto privação de potencialidades básicas, e não meramente carência de rendimentos, em um contexto específico, para avaliar os objetivos e os mecanismos das políticas públicas, de forma a promover a condição de agente, assegurar oportunidades reais para realizar funcionamentos e, consequentemente, ampliar as liberdades substantivas.

Acrescente-se que, como destaca Amartya Sen (1999, p. 167-168), o comedimento financeiro não pode representar o único compromisso do governo, a ponto de obstaculizar, por si só, as políticas públicas, devendo, na verdade, ser analisado dentro do quadro amplo de objetivos sociais.

> A consciência dos custos pode ajudar a dirigir o desenvolvimento humano por canais que sejam mais produtivos – direta e indiretamente – para a qualidade de vida, mas não ameaça a sua importância. O que realmente deveria ser ameaçado pelo comedimento financeiro é, com efeito, o uso de recursos públicos para finalidades nas quais os benefícios sociais não são nada claros, como, por exemplo, os vultuosos gastos com o poderio bélico em inúmeros países pobres nos dias de hoje [...] (SEN, 1999, p. 171-172).

Não se trata, então, de utilizar-se isoladamente da ideia de comedimento financeiro para impedir o desenvolvimento de políticas públicas, mas sim de avaliar tal necessidade dentro dessa ampla estrutura de objetivos e identificar quais as prioridades reais, em dada sociedade, para eliminação da privação de capacidades, a fim de evitar o direcionamento de recursos para determinadas questões menos relevantes, em detrimento daquelas verdadeiramente cruciais.

CONSIDERAÇÕES FINAIS

A realidade brasileira é fortemente marcada por uma pobreza extrema e por uma intensa desigualdade social, com a exclusão de parte significativa da sociedade, que não usufrui, efetivamente, dos direitos previstos na Constituição Federal.

A partir da abordagem proposta por Amartya Sen, a pobreza e a desigualdade não são compreendidas meramente como carência de renda e desigualdade econômica, mas, respectivamente, como privação de capacidades básicas e como desigualdade de capacidades. Isto é, não se avalia os bens primários detidos que as pessoas têm, mas a capacidade das pessoas, considerando as características físicas e individuais, de converter esses bens em oportunidade real de promover seus objetivos.

O enfoque, portanto, está na liberdade – intrinsecamente valiosa – das pessoas para levarem um modo de vida que têm razão para valorizar. O desenvolvimento, por sua vez, depende da eliminação das privações de liberdade – como a pobreza, a tirania, a carência de oportunidades e a ausência de serviços públicos – e da ampliação das capacidades, cujas condições habilitadoras incluem, por exemplo, a expansão dos serviços públicos de saúde, educação e seguridade social.

As políticas públicas têm, portanto, papel determinante para o desenvolvimento dessas condições de justiça social, sobretudo porque podem ampliar as capacidades das pessoas, principalmente das que integram setores vulneráveis da sociedade.

É evidente que, sendo a pobreza econômica uma fonte importante de privação de liberdades substantivas, na medida em que restringe a liberdade, por exemplo, de saciar a fome e de ter vestimentas e moradia apropriadas, o Estado deve atuar no sentido de eliminar tais privações. Contudo, a carência de rendimento não é a única fonte de privação de capacidades, que pode estar relacionada também à carência de serviços públicos e assistência social, por exemplo.

Assim, as políticas não devem ser avaliadas estritamente por aspectos econômicos, devendo buscar, primordialmente, a ampliação da condição de agente, a fim de assegurar a criação de oportunidades sociais reais, identificando, ainda, os desafios cruciais de cada contexto específico, a partir do diagnóstico direto da deficiência de capacidades.

Vale destacar que a promoção da condição de agente das pessoas e a ampliação da liberdade e das capacidades demandam uma vontade política e de recursos voltados para a prevenção das iniquidades.

Ressalva-se que o comedimento financeiro integra o quadro amplo de objetivos sociais, não podendo ser o único compromisso do governo, em detrimento das políticas públicas. Esse comedimento, então, não deve impedir o uso de recursos públicos para o desenvolvimento humano, mas apenas para que as políticas sejam claras, produtivas e bem direcionadas, com a identificação das prioridades reais, em dada sociedade, para eliminação da privação de capacidades.

Tem-se, portanto, que as políticas públicas devem ser elaboradas e implantadas de forma emancipatória, motivadas pela construção do bem comum e pela não conformação com a exclusão social. Devem, ainda, ser desenvolvidas a partir da liberdade participativa e da discussão pública, mediante o uso de instrumentos democráticos, e voltadas para a ampliação das liberdades substantivas, assegurando o exercício da condição de agente pelas pessoas e a criação de oportunidades reais para a realização de bem-estar, a fim de promover a equidade e a justiça social.

REFERÊNCIAS

BARROS, Ricardo Paes de. Desigualdade e pobreza no Brasil: retrato de uma estabilidade inaceitável. **Revista Brasileira de Ciências Sociais**, v. 15, n. 42, 2000.

GEORGES, Rafael; MAIA, Katia. **A distância que nos une**: um retrato das desigualdades brasileiras. [S.I.]: Brief Comunicação, 2017. Disponível em: < https://www.oxfam.org.br/sites/default/files/arquivos/Relatorio_A_dista ncia_que_nos_une.pdf>. Acesso em: 4 jan. 2018.

MAURIEL, Ana Paula Ornellas. Pobreza, seguridade e assistência social: desafios da política social brasileira. **Revista Katálysis**, Florianópolis, v. 13, n. 2, p. 173-180, jul./dez. 2010. Disponível em: <http://www.scielo.br/pdf/rk/v13n2/04.pdf>. Acesso em: 15 jan. 2018.

MENDONÇA, Luiz Jorge V. Pessoa de. Políticas sociais e luta de classes: uma crítica a Amartya Sen. **Textos & Contextos**, Porto Alegre, v. 11, n. 1, p. 65-73, jan./jul. 2012.

REIS, Elisa; SHWARTZMAN, Simon. Pobreza e exclusão social: aspectos sócio-políticos. In: MARIÓ, Estanislao Gacitúa; WOOLCOCK, Michael (Org.). **Exclusão social e mobilidade no Brasil**. Brasília: Ipea, 2005, p. 147-180.

SANTOS, Boaventura de Sousa Santos. **A construção multicultural da igualdade e da diferença**. Coimbra: Centro de Estudos Sociais (Série Oficina do CES nº 135), 1999.

SEN, Amartya. **Desenvolvimento como liberdade**. São Paulo: Companhia das letras, 1999.

_____. **Desigualdade Reexaminada**. Rio de Janeiro: Record, 2001.

ZAMBAM, Neuro José; KUJAWA, Henrique Aniceto. As políticas públicas em Amartya Sen: condição de agente e liberdade social. **Revista Brasileira de Direito**, Passo Fundo, v. 13, n. 1, p. 60-85, mar. 2017. Disponível em: <https://seer.imed.edu.br/index.php/revistadedireito/article/view/1486>. Acesso em: 20 jan. 2018.

SOBRE O ORGANIZADOR DA OBRA

SAMUEL MEIRA BRASIL JR. é Doutor *honoris causa* pela Universidade de Vila Velha (UVV), Doutor e Mestre em Direito Processual Civil pela Faculdade de Direito da Universidade de São Paulo (USP), Mestre em Ciência da Computação, em Inteligência Artificial, pela Universidade Federal do Espírito Santo (UFES). Desembargador do Tribunal de Justiça do Espírito Santo e, atualmente, é o Corregedor Geral da Justiça do Estado do Espírito Santo.

Esta obra é uma coletânea de artigos escritos pelos alunos do programa de Doutorado em Direitos e Garantias Fundamentais, disciplina ministrada pelo organizador, em que se discute a teoria e a aplicação prática das mais importantes Teorias da Justiça.

www.ingramcontent.com/pod-product-compliance
Lightning Source LLC
Chambersburg PA
CBHW050124210326
41519CB00015BA/4089